论语释义

方闻 撰

首都师范大学出版社
CAPITAL NORMAL UNIVERSITY PRESS

图书在版编目（CIP）数据

论语释义/方闻撰. —北京：首都师范大学出版社，2018.12（2019.3重印）

ISBN 978-7-5656-4887-8

Ⅰ. ①论… Ⅱ. ①方… Ⅲ. ①儒家 ②《论语》—注释 Ⅳ. ①B222.22

中国版本图书馆CIP数据核字（2018）第295482号

LUNYU SHIYI

论语释义

方闻 撰

责任编辑：杨林玉

封面设计：广领设计

首都师范大学出版社出版发行

地　址　北京西三环北路105号

邮　编　100048

电　话　68418523（总编室）　68982468（发行部）

网　址　http://cnupn.cnu.edu.cn

印　刷　三河市博文印刷有限公司

经　销　全国新华书店

版　次　2019年1月第1版

印　次　2019年3月第2次印刷

开　本　710mm×1000mm　1/16

印　张　16

字　数　250千

定　价　39.00元

目　　录

序　言

（一）

《论语》已经传承两千余年，然而至今专家学者对其确切含义仍众说纷纭，莫衷一是，以至于学人普遍认为其不易理解。这是为什么呢？

回顾《论语》的注解历史，大致可分为两个阶段。一是汉唐时期。针对战国与秦末汉初大变乱之后，文化学术支离破碎亟待重整的状况，先贤大儒们努力恢复《论语》原貌，并着力于考据训诂，对其语句进行注解。二是宋明清至今。宋明大儒着重阐释其中蕴含的心性义理，清儒则在考据训诂方面取得较大进展，从而使《论语》注解达到一个新高度。

两千余年来，《论语》注解的成就无可质疑，但其中存在的问题也不容忽视：考据成果虽丰，却没有客观的抉择标准，一字常有多意，各意都能讲通，所以更加让人困惑；义理分析虽深，却难以辨别正误，所释义理是否切合孔子原意，是否存在过与不及的情况，更是仁智互见，难有定论。之所以如此，关键在于各时代注解者普遍认为，《论语》作为语录体著作，各篇仅为粗略归类，各语句独立成章，相互无明显关联。在缺乏上下文语境的情况下，对各语句作断章取义的解释，就如瞎子摸象一般，自然难以客观准确、使人信服。各家注解力求自圆其说，但遗误之处仍比比皆是，不少语句至今未获合理解释。是故前人作注，后人改而再注，后人再改而注，历经两千年而不止。

《论语》原本即如此，还是学者们注解思路出现偏差？回答此问题，要从三个方面分析：1. 今本《论语》是否基本保持了古时《论语》的原貌？ 2.《论语》是否经过精心编排？ 3.《论语》若经精心编排，其篇章之间存在何种关联？

（二）

关于《论语》编纂方式，确凿的描述仅为《汉书·艺文志》的一段话："《论语》者，孔子应答弟子、时人及弟子相与言，而接闻于夫子之语也。当时弟子各有所记，夫子既卒，门人相与辑而论纂，故谓之《论语》。"又据《史记·孔子世家》记载："孔子葬鲁城北泗上，弟子皆服三年。三年心丧毕，相诀而去，则哭，各复尽哀；或复留。唯子赣庐于冢上，凡六年，然后去。"其中子赣即端木赐，字子贡。

古时《论语》成书后，曾在鲁、齐等国流传。据皇侃《论语义疏》序记，在秦末，"此书亦遭焚烬，至汉时，合壁所得[1]及口以传授，遂有三本：一曰《古论》，二曰《齐论》，三曰《鲁论》。既有三本，而篇章亦异。《古论》分'尧曰'下章'子张问'更为一篇，合二十一篇。篇次以《乡党》为第二篇，《雍也》为第三，篇内倒错，不可具说。《齐论》题目与《鲁论》大体不殊，而长有《问王》《知道》二篇，合二十二篇。篇内亦微有异。《鲁论》有二十篇，即今日所讲者是也。寻当昔撰录之时，岂有三本之别？将是编简缺落，口传不同耳。故刘向《别录》云：鲁人所学谓之鲁论，齐人所学谓之齐论，合壁所得谓之古论。……晚有安昌侯张禹，就建学《鲁论》，兼讲《齐说》，择善而从之，号曰《张侯论》，为世所贵。至汉顺帝时，有南郡太守扶风马融字季长，建安中，大司农北海郑玄字康成，又就《鲁论》篇章考《齐》验《古》为之注解"。（今本《论语》即源于郑玄注本。）

从以上记载可推测：

1.《论语》初编应在众弟子为孔子服丧之时。其中，"门人相与辑而论纂"，共历时三年；子贡在众人相诀而去后，又服丧三年，可能是做进一步整理，形成《论语》雏形。此后，孔门弟子及再传弟子可能又做进一步补充完善，《论语》中于是出现"有子""曾子"的称呼，以及曾子病重时言语（《论语·宪问篇第十四》第26章将孔子和曾子语义相近的言语并列，可能是《论语》形成初稿后又经补充完

[1]《汉书·艺文志》记载："武帝末，鲁共王坏孔子宅，欲以广其宫，而得古文尚书及礼记、论语、孝经凡数十篇，皆古字也。"其中的古文《论语》，即为《古论》。

善才最终定稿的一个例证)。《论语》进一步传播时，又因传习者不同而稍有增减，从而形成《鲁论》《齐论》《古论》之别。

2. 今本《论语》可能基本保留了古时《论语》原貌。古代书籍多为竹简，存放不易，卷帙分散重整均为常态(故竹简版《古论》篇次有错乱，篇内多倒错)。而汉时三个版本中，《鲁论》和《齐论》为“口传”版，口口相传，虽文字易有遗误，篇章次序反倒不易错乱，这也正是《鲁论》《齐论》相近的原因。与之相比，竹简版《古论》虽然次序倒错但文字不易遗误。两种版本对照印证，基本可恢复古时《论语》篇章次序及语句文字等方面的原貌。

(三)

《论语》是否经过精心编排?

以常理论，孔门弟子及再传弟子将孔子喻为日月，编纂《论语》时，绝不应只是对孔子言论进行简单汇集。且孔门弟子中多有言语文学领域出类拔萃者，编纂时间又充裕，也有条件做充分梳理。

仔细分析，《论语》中存在精心梳理的痕迹。据统计，《论语》中共有各类语句 512 章(各版本略有不同)，其中孔子言论 413 章，孔门弟子及他人言论 53 章，编者评述 46 章。孔门弟子及他人言论、编者评述约占语句总数的 20%。如果《论语》只是粗略编排，很难解释将大量孔子言论弃而不用，反而使用孔门弟子及他人言论，甚至需要编者大量评述的现象。从语句编排顺序看，三类语句并非按先孔子、后弟子、再编者评述的次序简单排列，而是穿插间杂，显然有一定编排规则。同时，编者评述的内容，不少是对孔子言行的综述，如“子不语怪、力、乱、神”“子温而厉，威而不猛，恭而安”“子罕言利与命与仁”等。这些评述综合性强，概括起来难度大，若非各篇结构需要，编者恐怕很难考虑做此类概括。(若非极熟悉孔子言行、对孔子思想领悟极为透彻，也很难做出此类概括。)

《论语》作为语录体作品，其编纂方式可能与鸟巢构建方式类似。鸟巢由树枝搭建而成，每根树枝既有自身固有特征，如短长、粗细、木种不同等，又作为鸟巢有机组成部分，发挥特定的结构性作用，如支撑底部、平衡重心等。只看到单根树枝而看不到鸟巢整体，不分析每根树枝在鸟巢中的结构性作用，就会感觉树枝堆放散乱无序。《论语》由孔子言论、孔门弟子言论等共同构成，这些言论既有原语境下含义，又有在《论语》上下文之中的结构性含义。两种含义有联系也有区别，不可偏废。编纂《论语》时，编者可能是根据全书和各篇主题，按照各篇的结构性需要，先对孔子言论筛选加工，内容不足时，则增加弟子言论，如果仍然不足，则由编者根据自己对孔子言行和思想的领悟，增加评述类语句，实现各篇和全书结构的合理完整。

（四）

《论语》如果经过精心编排，其篇章之间的关系是怎样的？

回答此问题，要从《论语》全书的主题、语句中运用的表现手法、语句之间的关联关系三个方面进行分析。

《论语》的主题，是孔子“仁”的思想，以及他为推行仁道而进行的不懈追求。这是《论语》的精气神，也是理解《论语》的基础。脱离此主题，各语句就如同一盘散沙。

如第一篇第 1 句“学而时习之，不亦说乎”。前人将“习”解释为“温习、复习”，虽然字面意思也通，但与孔子推行仁道的追求关系不大，与其后语句关联不明显，也无法与书中其他语句相互印证。若将“习”解释为“实践治国大道”，全句解释为“学到治国的大道，如果有机会付诸实践，不是让人感到由衷高兴吗？”既与孔子毕生追求相符，又与“有朋自远方来，不亦乐乎？人不知，而不愠，不亦君子乎？”呈明显的层次性关联。即，学习了修身治国的大道，如果能够从政治国造福社会，将使人感到由衷高兴（第一选择）；如果从政不成，但别人认可自己的学识和理念，从远方赶来与自己探讨修身治国之道，那么自己可以通过传授大道以间接改造社会，这也是让人快乐的（第二选择）；如果别人不理解自己，自己也可以做一名品行高尚的君子（第三选择）。这种层次鲜明的人生选择，体现了孔子的追求，是《论语》主题的突出体现，同时也可为书中其他语句所佐证。

又如第一篇第16章“不患人之不己知，患不知人也”。朱熹先生在《论语集注》中引尹氏曰，“君子求在我者，故不患人之不己知。不知人，则是非邪正或不能辨，故以为患也。”粗看似无可疑处，但细想之下，则疑窦丛生。与第1章对比，如果人不知己，则无法“学而时习之”，亦无法“有朋自远方来”，难道实现个人理想还不如分辨别人的是非邪正重要吗？实际上，理解此章的关键仍然在于《论语》的主题。从孔子推行仁道的追求来看，人不知己，可努力提高修养和能力，“求为可知也”，也可通过别人推荐，使人了解，以争取从政机会，故不必过于担心。但如果“不知人”，即使有机会从政，也无法识别贤君、团结贤臣、任用贤士以推行大道，甚至可能像箕子、比干一样成为暴君的牺牲品。相比之下，“不知人”比“人不知己”更让人担心。正因如此，全书最后一篇的最后一章再次强调“不知言，无以知人也”，与此章遥相呼应，提醒学者在提高自身品德素养的同时，不能忽视培养识人的能力。（孔子周游列国，既是宣传和推介仁德的治国大道，又何尝不是在选择仁德君主、逃避不仁德的君主？）

明确《论语》全书的主题，既是理解各语句确切含义的重要指引，也是体会语句表现手法、领会其引申含义，并进而准确把握各语句之间关联关系的重要线索。

（五）

关于《论语》编纂过程中使用的表现手法。

《论语》中多次强调学诗的重要性，所学内容之一就是赋比兴等灵活多样的表现手法。如子夏问曰：“‘巧笑倩兮，美目盼兮，素以为绚兮。’何谓也？”子曰：“绘事后素。”曰:“礼后乎？”子曰:“起予者商也！始可与言诗已矣。”从人的美貌，引申到绘画，再引申至仁礼关系，即为“兴”的表现手法。

前人注解中，一些语句显得语义突兀，甚至完全无法解释，一个重要原因在于未考虑其中运用的表现手法。例如，第十五篇第42章，“师冕见，及阶，子曰：‘阶也。’……”朱熹先生引范氏曰，“圣人不侮鳏寡，不虐无告，可见于此。推之天下，无一物不得其所矣。”按此理解，本章仿佛只是举例证明孔子尊敬和帮助弱者。但实际上，本章使用了“比”的表现手法，以盲人与篇首引言中的君主相类比。其含义为，孔子以恰当的方式帮助盲人，盲人充分理解并欣然接受，而相比之下，篇首引言中的君主在治国方面恰似盲人一般，孔子以正道帮助君主，君主却不理解、不信任、不使用，使得孔子无法施展治国抱负，甚至陷入穷途末路。前后遥相呼应，凸显全篇“君子有穷”的主题。

又如第十六篇第 14 章，“邦君之妻，君称之曰夫人……”朱熹先生引吴氏曰，“凡语中所载如此类者，不知何谓。或古有之，或夫子尝言之，不可考也。”实际上，此处运用了“兴”的表现手法，即以邦君之妻有多个称呼一事，阐述一个道理——一个人称呼可以千变万化，但人还是那个人，既没有变也不会变。进一步引申后，可理解为花言巧语不会改变事情的本质，也无法改变事物发展的规律。这一引申含义，与该篇引言中冉求为季氏伐颛臾而巧言辩解，无法改变季氏不行仁道经五世则必衰的规律相呼应。

《论语》中许多语句都使用了类似表现手法。这种灵活多样的表现形式，就像点点滴滴靓丽的色彩，散布在略显单调的对话之中，虚实结合，使得全书说理更加精深微妙，意境更加高远悠长。

（六）

关于《论语》各语句之间的关联关系。

当明晰了全书主题，逐步体会语句表现手法之后，各语句之间的关联关系也就越来越清晰可见了。

《论语》中不少篇章存在不可拆分的意群。如第六篇第 8 ～ 10 章。第 8 章中，季康子就任用子路、子贡、冉求从政一事听取孔子意见。孔子分别介绍各人特点，并强调三人“于从政乎何有？”体现了积极支持弟子从政的态度（孔子自己也是积极从政的，甚至公山弗扰、佛肸召，孔子都打算去）。但在第 9 章，却提到闵子骞拒绝季氏聘用不愿从政。朱熹先生引程子曰，“仲尼之门，能不仕大夫之家者，闵子、曾子数人而已。”又引谢氏曰，“况闵子得圣人为之依归，彼其视季氏不义之富贵，不啻犬彘。又从而臣之，岂其心哉？”据此理解，孔子对闵子骞拒绝从政极为赞赏，态度与第8章截然相反。第10章，谈孔子怜惜伯牛重病将亡，好像又与前两章毫无关联。实际上，如果将9～10章联系起来理解，编者叙述孔子对伯牛的怜惜之语，希望表达的意思是人生短暂难测，应抓住机会实现人生价值，暗示孔子不同意闵子骞的做法。第8～10章，从正反两个方面，明确表达了孔子对弟子从政的鼓励态度。

又如第十四篇第37～39章。第37章意，面对大道不行的局面，有些贤者选择逃避。第38章意，孔子没有逃避，但晨门认为他是知其不可而为之。对第39章，朱熹先生将孔子回答荷蒉者的“果哉！末之难矣”，解释为“叹其果于忘世。且言人之出处，若但如此，则亦无所难矣。”这种解释让人一头雾水，原本是荷蒉者劝说孔子放弃仁道追求，最后却变成孔子叹息荷蒉者果于忘世了。实际上，此章意思是，孔子认为，荷蒉者所说的“深则厉，浅则揭”[1]是对的（果哉），只是推行仁道并不是那么难罢了（末之难矣）。将第37～39章结合起来理解，孔子的意思是，他并不愿学那些逃避现实的贤者，也不认可晨门所说的“知其不可而为之”的观点，而是认为事情远未到不可为的程度，所以要继续积极推行仁道。

除不可拆分意群外，《论语》中更多的是可拆分意群，即相关语句单独解释并无不当，但联系起来理解才能真正领会编者意图。如《论语·学而篇第一》论述学习内容和步骤时，分为三个阶段分别阐述。其中，第6～7章为学习的第一阶段，即身体力行孝悌、谨信、爱众、亲仁的良好品质，如果能够达到贤贤易色、事父母能竭其力、事君能致其身、与朋友交言而有信的要求，就算是“行有余力”，则可学“文”了；第8～10章为学习的第二阶段，即学习文化知识和容仪礼节（学“文”），目标是达到“温、良、恭、俭、让”的要求；第11～13章为学习的第三个阶段，即进一步提升品德修养和礼仪水平，目标为“信近于义、恭近于礼和因不失其亲”。三个阶段前后连贯而又层层递进。

[1]《诗经·邶风·匏有苦叶》的诗句。原意为：水太深，就穿着衣服涉水过河（反正衣服一定会湿透了）；水很浅，就提起衣襟涉水过河（尽可能不把衣服沾湿）。在文中，意指如果大道可能得到推行，就全力以赴推行大道；如果大道不可能得到推行，索性就不要白费力气了。

又如《论语·子罕篇第九》，在第1章“子罕言利与命与仁”中，就对全篇的意群结构做了划分，即分别阐述孔子对“利”“命”“仁”的态度。接下来，第2～4章谈对“利”的态度：孔子不在乎个人名利，但并不反对在遵守礼制原则基础上的节俭行为。第5～9章谈对“命”的态度：孔子以推行仁道为使命，但现实命运是残酷的，人们不理解他的真正才能，他也就难有机会施展治国抱负。第10～30章谈对“仁”的态度：孔子致力于推行仁德大道（不是谈论仁）；仁德品质的培养，要靠自己主动努力（不能靠别人说）；仁德品质的培养，关键在于做（不在于说）。

《论语》全书是可拆分意群与不可拆分意群的有机结合，其中绝大多数是可拆分意群。分散开来看，许多都是格言警句，而整合起来，则共同构成光辉灿烂的孔子思想殿堂。

（七）

以孔子“仁”的思想和他推行仁道的不懈追求为主线，充分体会语句中运用的灵活多样的表现手法，准确分析各语句之间的意群关联，《论语》编纂的内在逻辑就越来越清晰地显现出来。

分篇看，除个别篇目外，多数篇目均以引言开始，或直接点出全篇主题，或体现明确的思想倾向。然后，层层递进，条分缕析，逐步深入阐述孔子的具体思想主张。最后，结语再次点出主题。引言和结语，为全篇定下主旨，其余各句，百般腾挪，使看似相近的话语，展现出丰富多彩的语义。而在各篇主题及上下文语境的约束下，各语句的含义也便清晰明确而少有歧义了。

《论语》各篇，布局精妙、脉络清晰。全书二十篇，共分六个部分。第一篇为第一部分，中心是“学”，明确提出学习仁德大道是实现人生价值的基础，重点阐述学习的内容、方法步骤和态度要求等；第二部分包括第二至六篇，中心是“习”，即推行仁德大道的方法，包括要为政以德、治国以礼，以里仁为美加强品德修养，学有所成应从政以推行仁道；第三部分包括第七至十篇，中心是“承”，阐述孔子对仁德和礼仪之道的学习与领悟，对名利、命运、仁道的看法，以及对礼仪之道的自觉践行；第四部分包括第十一至十三篇，中心是“传”，阐述孔子将仁德礼仪之道传于弟子，强调应对民众进行仁德礼仪教化；第五部分包括第十四至十八篇，中心是“行”，阐述读书人应以无道德操守为耻，要坚守正道，做有益于别人的人，不做让人厌恶的人，君臣相处要讲君臣之义；第六部分包括第十九至二十篇，为全书收尾，阐述孔门弟子对仁道的领悟，以示仁道永传，最后以知命而行仁结束全书（全书结构与第一篇第1章内容结构隐然相通，其中第一、第二部分与“学而时习之”相对应，第三、第四部分与“有朋自远方来”相对应，第五部分与“不亦君子乎”相对应）。各篇主题鲜明、层次清晰，恰如“夫子循循然善诱人”，结尾处谈弟子对孔子思想的评价并综述孔子精神，使人有高山仰止之感，并不禁再次回顾全文，感觉余音绕梁、不绝于耳。

（八）

孟子曰：“故说诗者，不以文害辞，不以辞害志。以意逆志，是为得之。”意为解读诗词，不应拘泥于文字而误解诗句，不应拘泥于诗句而误读诗人的本意，要通过自己的感受去推测诗人的本意，这样才能真正读懂诗。

读《论语》，也必须如此。要立足于字句，但不应拘泥于字句而误读编纂者的本意，要努力摆脱字句的束缚，充分体会字句背后的文义精髓。要深刻理解孔子推行仁德大道的志向与追求，感受其天命所在的责任与担当；要细细体会赋比兴等表现手法所展现的引申内涵与寓意，领会“不学诗，无以言”的微妙与灵动；要条分缕析语句之间的内在逻辑关系，感受编纂者严谨的逻辑和巧妙的编排。随着领悟的加深，《论语》语义清晰、生动活泼、前后连贯的本来面目也就逐渐显露出来。

子贡曰：“夫子之墙数仞，不得其门而入，不见宗庙之美，百官之富。”诚哉是言也！

（九）

本书编纂，虽有一得之愚，但自知才疏学浅，若无先贤大儒们大量考据训诂、阐释义理的基础，绝无可能有此进展。文中所作注解，有些为参考前人所注，有些为兼采众家之说斟酌折中而成。对此，本应标其姓名、详其出处，然众说已见，多数已如水乳交融，泾渭难辨。拘泥于此，则文辞繁赘，读者不堪其乱。为通俗明了，多数注解不再一一标明。对一些独到之注，且注文对读者理解极为有益的，再详细标注，供读者赏鉴。

受才学所限，本书定有不当之处，谨待读者审正。

方 闻

各篇主题总览[1]

◎学而篇第一　（学为基石）

引言：志存高远，学为基石（1.1）

一、修身和治国的仁德之道（1.2 ～ 1.5）

二、学习仁德之道的方法和步骤（1.6 ～ 1.13）

三、学习仁德之道的态度（1.14 ～ 1.15）

结语：推行仁德大道，患不知人也（1.16）

◎为政篇第二　（为政以德）

引言：为政以德，则臣民敬服（2.1）

一、德治符合人性规律（2.2 ～ 2.10）

二、借鉴历史经验，确立以德为核心的施政方略（2.11 ～ 2.17）

三、落实德治方略，要重视政务管理（2.18 ～ 2.20）

四、落实德治方略，要重视教化百姓（2.21 ～ 2.23）

结语：众星共之，不一定是为政以德的结果（2.24）

[1]文中各篇的主题，均为作者根据《论语》原文内容提炼总结而成（非《论语》原文），以方便读者从整体上把握各篇主旨。

◎八佾篇第三 （治国以礼）

◎里仁篇第四 （里仁为美）

◎公冶长篇第五 （学以至仁）

二、仁德是什么（5.9 ～ 5.12）

三、如何培养仁德品质（5.13 ～ 5.15）

四、仁德的具体要求（5.16 ～ 5.21）

五、加强对品性的雕琢（5.22 ～ 5.26）

结语：仁德至境，学为阶梯（5.27 ～ 5.28）

◎雍也篇第六 （从政以施仁）

引言：为官行政，济众以仁（6.1 ～ 6.5）

一、具备必要的品行素质，就应积极从政（6.6 ～ 6.10）

二、从政后，不能放松仁德追求（6.11 ～ 6.16）

三、政务管理中，要重视对百姓的教育（6.17 ～ 6.21）

四、对中人以上，传授仁智治国之道（6.22 ～ 6.26）

五、对中人以下，传授文化礼仪知识（6.27 ～ 6.29）

结语：推己及人，仁之方也（6.30）

◎述而篇第七 （传承大道）

引言：信而好古（7.1 ～ 7.3）

一、学习传授古代文化，践行传统道德要求

（一）学习传授古代文化（7.4 ～ 7.8）

（二）践行传统道德要求（7.9 ～ 7.13）

二、逐步领悟“仁”的精髓（7.14 ～ 7.19）

三、对于仁德之道，学而不厌，诲人不倦

（一）对仁德之道，学而不厌（7.20 ～ 7.23）

（二）对仁德之道，诲人不倦（7.24 ～ 7.26）

四、践行仁德之道，心中忧虑未达至善（7.27 ～ 7.37）

结语：内心仁德，自然形之于外（7.38）

◎泰伯篇第八 （礼以成德）

引言：礼以显德，礼以美德（8.1 ～ 8.2）

一、礼是什么（8.3 ～ 8.6）

二、教礼仪以兴仁德（8.7 ～ 8.11）

三、推行礼仪之道以实现社会和谐（8.12 ～ 8.16）

四、将礼仪、仁德之道融会贯通，实现天下大治（8.17 ～ 8.20）

结语：礼与德的统一（8.21）

◎子罕篇第九 （罕言利命仁）

引言：罕言利与命与仁（9.1）

一、罕言利（9.2 ～ 9.4）

二、罕言命（9.5 ～ 9.9）

三、罕言仁

（一）孔子致力于推行仁德大道（不是谈论仁）（9.10 ～ 9.17）

（二）培养仁德品质，要靠自己主动努力（不能靠别人说）（9.18 ～ 9.23）

（三）培养仁德品质，关键在于做（不在于说）（9.24 ～ 9.30）

结语：真心求仁，何远之有（9.31）

◎乡党篇第十 （礼仪师表）

引言：言行举止，皆合于礼（10.1）

一、朝中仪态（10.2 ～ 10.5）

二、居家服饰饮食等（10.6 ～ 10.10）

三、日常礼仪（10.11 ～ 10.14）

四、与人交往重在诚（10.15 ～ 10.17）

五、事奉君主贵在敬（10.18 ～ 10.21）

六、朋友相交注重义（10.22 ～ 10.23）

七、日常行为礼仪因时因事而异（10.24 ～ 10.26）

结语：时哉时哉（10.27）

◎先进篇第十一 （师生之谊）

引言：先进贤才，国之栋梁（11.1）

一、众弟子各有所长（11.2 ～ 11.6）

二、孔子对弟子感情深厚（11.7 ～ 11.14）

三、孔子非常关注弟子们的品性修养（11.15 ～ 11.20）

四、师生诚恳相交（11.21 ～ 11.25）

结语：畅谈治国之志（11.26）

◎颜渊篇第十二 （克己复礼）

引言：克己复礼为仁（12.1）

一、礼的内涵（综述）（12.2 ～ 12.8）

二、态度端正（内涵一）（12.9 ～ 12.11）

三、言语谨慎（内涵二）（12.12 ～ 12.13）

四、内心不忧不惧（内涵三）（12.14 ～ 12.19）

五、恭敬有礼（内涵四）（12.20）

六、明智而有远见（内涵五）（12.21）

七、受到百姓信任（内涵六）（12.22）

◎卫灵公篇第十五 （君子有穷）

引言：君主不明，故君子有穷（15.1 ～ 15.2）

一、治理国家的方法

（一）德，是治国之大道（15.3 ～ 15.6）

（二）实施以德治国，必须依靠贤能之士（15.7 ～ 15.11）

（三）以德治国，任用贤士，是实现国家长治久安的长远大计（15.12 ～ 15.17）

二、君子肩负弘扬大道的使命

（一）君子要提高自身品德素养（15.18 ～ 15.21）

（二）君子要善于识人（15.22 ～ 15.28）

（三）君子要以弘扬大道为毕生追求（15.29 ～ 15.35）

三、事奉君主与弘扬大道（15.36 ～ 15.41）

结语：盲人心明，识得贤相（15.42）

◎季氏篇第十六 （益人之友）

引言：巧言饰非，于人无益（16.1 ～ 16.3）

一、朋友和快乐之中，有益也有损（16.4 ～ 16.5）

二、做对人有益的朋友，要会合理劝谏别人（16.6 ～ 16.8）

三、做对人有益的朋友，应重视提高自身道德品质（16.9 ～ 16.12）

四、做对人有益的朋友，应学习与人交往的方法（16.13）

结语：称谓千变，其人不变（16.14）

◎阳货篇第十七 （君子有恶）

引言：无德无礼，让人厌恶（17.1）

学而篇第一

学为基石

引言：志存高远，学为基石

1.1　子①曰："学而时习之②，不亦说③乎？有朋④自远方来，不亦乐乎？人不知，而不愠⑤，不亦君子乎？"

【译文】

先生说："学到治国的大道，如果有机会付诸实践，不是让人感到由衷高兴吗？有志同道合的人从远方来切磋交流修身治国的大道，不是很让人快乐吗？别人不理解我的理想和追求，我不怨恨恼怒，不也是一个君子应有的气度吗？"

【注释】

①子：原为爵位名，春秋以后，执政之卿可称为子，受人尊敬的学者也可称为子，如孔子、墨子。《论语》中单独称子时，均指孔子。②时习之：有机会实践治国的大道。在周秦时代，时，意为在一定时候或在适当时候。习，鸟数飞也，意为实习、实践。以前多把习解释为温习、复习。但从常理看，温习复习旧知识，远没有学到新知识、掌握新道理更让人愉快。而对志向高远的人来讲，只有将其伟大的理想和抱负付诸实践，他才会感到由衷高兴。孔子周游列国十余年，就是希望能够推行仁德的治国大道，因此才发出"学而时习之，不亦说乎"的感叹。故本句中的"习"，应解释为实践治国的大道。③说（yuè）：同"悦"，

1.1[1]　学，是实现人生价值的基础。学习了修身治国的大道，如果有机会从政，就可在治国中推行大道以造福社会（由衷高兴）；如果能够得到别人的认可，可通过教书育人、传播大道来影响和改造社会（心情愉悦）；如果别人并不理解自己的理想和追求，自己也不怨恨恼怒，可做一名品行高

[1]本列是对左侧语句在上下文语境中涵义的解析。将本列解析与左侧注解对比研读，有助于更加准确地理解原文，体会编纂者的构思，感受语句中运用的表现手法。通读本列，有助于从整体上把握语句之间关联关系和全篇意群结构。

指发自内心地高兴。悦在内心，乐则见于外，两者虽均为高兴意，但层次不同。④朋：志同道合的人。⑤愠（yùn）：恼怒，怨恨。对于本章，孟子所言“得志，泽加于民；不得志，修身见于世”（《孟子·尽心上》）可为注解。

尚的君子（自得其乐）。

一、修身和治国的仁德之道

1.2　有子①曰：“其为人也孝弟②，而好犯上③者，鲜④矣；不好犯上，而好作乱者，未之有也⑤。君子务本⑥，本立而道⑦生。孝弟也者，其为仁之本⑧与！”

【译文】

有子说：“一个人孝顺父母，尊敬兄长，却喜欢冒犯地位高的人，这种人很少见。不喜欢冒犯地位高的人，而喜欢造反作乱的人是没有的。君子致力于事物的根本，根本确立以后，整个事物就会按照其内在规律发展运行。孝顺父母，尊敬兄长，就是修身治国的大道——仁的根本啊！”

【注释】

①有子：孔子弟子，姓有名若，可能比孔子小43岁。《论语》记载孔门弟子的言行，多称其字，仅有若和曾参称子（冉有和闵子骞偶尔被称为子，另当别论），可能与两人在孔子去世后，受孔门弟子尊重有关。②孝弟（tì）：善事父母为孝，善事兄长为弟。弟，同“悌”。孝和悌，以恭敬和顺从为德，因此不好犯上。③犯上：犯，冒犯。上，指地位比自己高的人。④鲜（xiǎn）：少。⑤未之有也：“未有之也”的倒装句型。⑥务本：务，致力于。本，根本。⑦道：指自然、社会、个人生存发展的内在规律。⑧仁之本：仁道的根本。

1.2　修身之道与治国之道是相通的，修身是治国的基础。修身和治国的仁德之道，其根本是孝和悌。

1.3　子曰：“巧言令色①，鲜矣仁！”

【译文】

先生说：“总是花言巧语并装出和颜悦色样子的人，极少拥有仁德品质。”

1.3　修身的仁德之道，绝对不是巧言令色。（那么，它是什么呢？）

【注释】

①巧言令色：巧言，使言语乖巧以取悦于人。令色，做出让人愉悦的表情。

1.4 曾子①曰："吾日三省②吾身：为人谋而不忠③乎？与朋友交而不信④乎？传不习⑤乎？"

1.4 修身的仁德之道，是为人忠诚，待人信实，以及对优秀品德的身体力行。

【译文】

曾子说："我每天从三个方面反省自己：为别人谋划和办事，是否尽心竭力了呢？与朋友交往，是否做到诚实可信了呢？传授给别人的道理，自己是否身体力行了呢？"

【注释】

①曾子：孔子弟子，姓曾名参（shēn），字子舆，鲁国人，比孔子小46岁。②三省（xǐng）：从三个方面反省。省，检查、反省。③忠：以别人为中心，尽己之力，即谓忠。④信：真诚相待，即谓信。⑤传不习：传，把道理传授给别人。习，实习、实践，同"学而时习之"的"习"。

1.5 子曰："道①千乘之国②，敬事③而信，节用而爱人，使民以时④。"

1.5 治国的仁德之道，是严谨办事以取信于民，节约开支以爱护百姓，使用民力要不误农时。

【译文】

先生说："治理拥有一千辆兵车的国家，办理政务要严谨认真，以取得百姓信任；要节约开支（减轻百姓负担）以爱护百姓；使用民力要不误农时。"

【注释】

①道：动词，治理。②千乘（shèng）之国：乘，辆，指古代用四匹马拉的兵车。朱熹引马氏云，"八百家出车一乘。"千乘之国，指其地可出1000辆战车的诸侯国。春秋时代，战争频仍，国家的大小和强弱有时以战车的数目来体现。在孔子时代，千乘之国已经不算大国了。③敬事：对待政务严谨认真，不率意妄为。敬，指态度严谨认真。④使民以时：使用民力要考虑耕作与收获的农时。时，指农时。

二、学习仁德之道的方法和步骤

1.6 子曰："弟子①，入②则孝，出③则弟，谨④而信，泛⑤爱众，而亲仁⑥。行有余力，则以学文⑦。"

【译文】

先生说："年少的孩子，在父母跟前，就孝顺父母；与兄弟相处，便尊敬兄长；言行谨慎，且诚实可信；博爱众人，并亲近仁德之人。如果能够这样做，并行有余力的话，就可以去学习文化礼仪知识了。"

【注释】

①弟子：一般有两种意义，一是年纪较小为人弟和为人子的人，二是指学生。这里是第一种意义上的"弟子"。②入：进入家门，指到父母面前。③出：与"入"相对，离开家到外面，指不在父母面前。出则弟，指与兄弟相处时，要尊敬兄长。④谨：严谨而慎重，不随意。⑤泛：广泛。⑥仁：仁德之人。⑦文：指诗、书、礼、乐等文化礼仪知识。朱熹引洪氏曰，"未有余力而学文，则文灭其质；有余力而不学文，则质胜而野。"

1.6 学习的第一步，是培养良好的品质。即身体力行孝悌、谨信、爱众、亲仁的良好品德。如有余力，再去学"文"。（做到什么程度才算是"行有余力"呢？）

1.7 子夏①曰："贤贤②易色③；事父母，能竭其力；事君，能致其身④；与朋友交，言而有信。虽曰未学，吾必谓之学矣。"

【译文】

子夏说："尊重贤者，见到贤者能够改变轻狂的表情；侍奉父母，能够竭尽全力；事奉君主，勇于献出自己的生命；与朋友交往，说话诚实守信。这样的人，尽管说他没有学过（文化知识），我却认为他已经掌握了（一些人生道理）。"

【注释】

①子夏：孔子弟子，姓卜名商，字子夏，比孔子小 44 岁。

1.7 "行有余力"的标准：见到贤者能够改变轻狂的表情，侍奉父母能竭尽全力，事奉君主勇于献出生命，与朋友交往言而有信。

②贤贤：尊重贤者。第一个“贤”作动词用，意为尊重。第二个“贤”作名词用，意为贤者。③易色：改变自己轻狂的表情。易，改变。色，表情、态度。《淮南子·诠（quán）言训》上说：“凡人之性，少则猖狂，壮则暴强，老则好利。”少时易有猖狂之色，遇到贤者时应知改变。④致其身：献出自己的生命。致，送、奉献。

1.8　子曰：“君子，不重①则不威，学则不固②。主忠信③。无友不如己者④。过，则勿惮⑤改。”

【译文】

先生说：“君子，不庄重就没有威严，加强学习就不会固守鄙陋的见识。要树立忠信的理念。要谦虚，没有人完全不如自己。有了过错，不要畏难苟安，要勇于改正。”

【注释】

①重：庄重，厚重。②固：指固守鄙陋的见识。③主忠信：以忠信为理念。④无友不如己者：古今对此句多有不同解释。朱熹等认为，此句意为不与不如自己的人交友，“不如己，则有损而无益”。按此解释，则无人能够交到朋友。孟子曰：“中也养不中，才也养不才，故人乐有贤父兄也。如中也弃不中，才也弃不才，则贤不肖之相去，其间不能以寸。”（《孟子·离娄章句下》）意为贤能的人要教育帮助品行不好的人，所以每个人都希望有贤能的父兄。如果贤能的人嫌弃品行不好的人，那么贤能和品行不好之间的距离就近得不能用寸来计量了。从《论语·季氏篇第十六》内容看，孔子对交友的态度是，每个人都要努力做对别人有益的朋友。据此交友，每个人都能对他人有所帮助，同时也能交到对自己有帮助的朋友。故不从前人解释。从上下句意看，本章重点阐述一个人的信念与态度，如要庄重、要好学、要忠信、要勇于改错。因此，“无友不如己者”也应是论述待人态度，故译为“要谦虚，没有人完全不如自己”。⑤惮（dàn）：害怕、畏惧。

1.8　学习的第二步，学“文”。总的要求是培养正直庄重的气质，内心不固守鄙陋的见识。具体为：要树立忠信的理念（以培养正直庄重的气质）；要谦虚，善于发现别人的优点，有错要勇于改正（内心不固守鄙陋的见识）。（这些是“文”的内在要求。）

1.9 曾子曰："慎终①，追远②，民德归厚矣。"

【译文】

曾子说："（教导百姓）慎重地处理父母的丧事，诚挚地追思去世已久的祖先，百姓就会形成厚重的道德风尚。"

【注释】

①慎终：慎重地办理父母的丧事。这是孝的品质的延续。②追远：诚挚地追思去世已久的祖先。这是孝的品质的升华。朱熹注曰，"盖终者，人之所易忽也，而能谨之；远者，人之所易忘也，而能追之：厚之道也。故以此自为，则己之德厚，下民化之，则其德亦归于厚也。"

1.9 还要学习礼仪制度，特别是丧礼和祭祀之礼，以引导社会形成朴实厚重的道德风气。（这些是"文"的外在表现。）

1.10 子禽①问于子贡②曰："夫子③至于是邦也，必闻其政，求之与，抑④与之与？"子贡曰："夫子温、良、恭、俭、让以得之⑤。夫子之求之也，其诸⑥异乎人之求之与？"

【译文】

子禽向子贡问道："夫子到了一个国家，总是能够了解到这个国家的施政情况。是他向别人打听的呢，还是别人主动告诉他的呢？"子贡说："夫子温和、善良、恭敬、节俭、谦让，自然而然就得到了。夫子了解的方法，或许与别人了解的方法不同吧？"

【注释】

①子禽：姓陈名亢（gāng），字子禽。从《论语·子张篇第十九》所载的事情看，他应该不是孔子的学生。②子贡：孔子弟子，姓端木名赐，字子贡，卫国人，比孔子小31岁。③夫子：古代的一种敬称，凡是做过大夫的人都可以用这一称谓。孔子曾担任鲁国司寇，所以他的学生们称他为夫子。④抑：表示选择的文言连词，有"还是"的意思。⑤温、良、恭、俭、让以得之：温，温和宽厚。良，善意而直爽。恭，庄重而尊敬。俭，节约而朴实。让，谦逊。孔子道德中庸、礼仪得体，就像温度计可测温度一样，他通过观察风俗，见其民、听其言，则知政

1.10 学"文"的目标，是做到温和、善良、恭敬、节俭、谦让。这既是对自身品德修养的要求，也是对治国施政教化百姓能力的要求。

教之得失。其民温良，则其政教温良；其民恭俭让，则政教恭俭让。⑥其诸：语气词，有大概、或者的意思。

1.11　子曰："父在，观其志；父没，观其行①。三年无改于父之道②，可谓孝矣。"

【译文】

先生说："当他父亲在世的时候，（因为他难以完全独立行动），要观察他对待父亲的态度。在父亲去世后，要考察他的行为。如果父亲去世三年，这个人在言语和行动中所表现出的对父亲的尊重和敬爱没有丝毫改变，就可以说是孝了。"

【注释】

①行：指行为举止等。②道：作为一般意义上的名词，无论好坏、善恶都可以叫作道。但更多时候是积极意义的名词，表示合适的方法。三年无改于父之道，指的是父亲去世三年，但丝毫不改变对父亲的尊重和敬爱。前人多以为，此句意为三年不改变父亲的做事方法等。但是，如果父亲的做事方法是正确的，应终生守之，而不是三年不改；如果父亲的做事方法是错误的，则应立即改正，绝不应三年不改。而且孔子认为，父亲在世时，子女对其错误之处也应及时劝谏，只是态度要温和，"见志不从，又敬不违，劳而不怨"。如果父亲去世了，子女对其错误之处反倒要"三年不改"，岂不自相矛盾？故不从。

1.11　学习的第三步，进一步提升品德和礼仪修养。

品德方面。以孝为本进一步提升道德修养。由面对父母时的言行之孝，提升到对父母发自内心的敬爱，以至于父母不在了，这种敬爱之情仍然丝毫不减。

1.12　有子曰："礼①之用，和②为贵。先王之道，斯为美，小大由之。有所不行，知和而和，不以礼节之，亦不可行也。"

【译文】

有子说："礼的应用，以和谐为贵。先王制定的礼仪制度，其美好之处即在于此。各项礼仪应该简朴还是应该盛大，也都是据此制定的。如果不按礼仪要求办，即使知道和谐这个目标并努力追求它，缺少了礼仪制度的规范，这个目标也是难以实现的。"

1.12　礼仪方面。认识到礼仪的应用，以和谐为贵，但不以和谐来否定礼仪本身，而是更加自觉地遵守礼仪的规定。

【注释】

①礼：礼节，仪式。②和：和谐，适当，恰到好处。

1.13 有子曰："信近①于义②，言可复③也。恭近于礼，远④耻辱也。因不失其亲，亦可宗也⑤。"

【译文】

有子说："与人的信约接近义的要求，所说的话就能兑现。待人恭敬接近于礼的规范，就能远离耻辱。因循合理的做法，同时不违背亲情关系的要求，这种做法也是值得赞许的。"

【注释】

①近：接近，符合。②义：事之所宜，即符合公正合理的要求。③复：实践诺言。④远：远离，避免。⑤因不失其亲，亦可宗也：因，依，沿袭。宗，尊崇。此句有两层含意，一是因不顾亲，可宗也；二是因不失其亲，亦可宗也。联系《论语·子路篇第十三》叶公与孔子谈论"其父攘（rǎng）羊"一事，叶公所说的"其父攘羊，而子证之"即属于因不顾亲，即做事只考虑事情本身的对错，不考虑所涉及的亲情关系，这种做法是对的，故"可宗也"；而孔子所说的"父为子隐，子为父隐"属于"因不失其亲"，即在因循合理做法的基础上又充分考虑亲情因素，不违背亲情关系的要求，更有利于引导社会道德走向，做法更加值得赞许，故"亦可宗也"。

1.13 学习的最终目标，是道德品行、言谈举止、办事方法符合义、礼、情的要求。

三、学习仁德之道的态度

1.14 子曰："君子食无求饱，居无求安，敏于事而慎于言，就①有道②而正③焉，可谓好学也已。"

【译文】

先生说："君子，饮食不求饱足，居住不求舒适，勤勉于事而谨慎于言，主动向掌握大道的人学习，以修正自己的品行。这样做，就可以说是好学了。"

1.14 要真心地好学。学习仁德之道，不应在意饮食、居住条件；知道了正确的道理，要勤于行动

【注释】

①就：靠近。②有道：掌握了大道的人。③正：匡正，端正。

而慎于言语；要主动向掌握大道的人学习，以修正自己的品行。

1.15 子贡曰："贫而无谄①，富而无骄，何如②？"子曰："可也。未若贫而乐③，富而好礼者也。"

子贡曰："《诗》云，'如切如磋，如琢如磨④'，其斯之谓与？"子曰："赐⑤也，始可与言《诗》已矣，告诸往而知来者⑥。"

【译文】

子贡说："贫穷而不谄媚，富有而不骄纵，怎么样？"先生说："这也算可以了。但是还不如虽贫穷却乐于道，虽富裕却谦虚好礼。"

子贡说："《诗经》上说，'要像加工骨角玉石器物一样，先开料，再锉掉杂物，然后雕刻成型，最后还要打磨光洁'，就是这个意思吧？"先生说："赐，可以同你谈论《诗经》了，你已经能由此及彼，引申类推了。"

【注释】

①谄（chǎn）：巴结，奉承。②何如：《论语》中的"何如"，都可以译为"怎么样"。③贫而乐：皇侃本中"乐"后有"道"字，即"贫而乐道"。④如切如磋，如琢如磨：见《诗经·卫风·淇奥篇》。有两种解释：一说切磋琢磨分别指对骨、象牙、玉、石四种不同材料的加工，否则不能成器；一说加工骨角玉石器物，要先开料（切），再锉掉杂物（磋），然后雕刻成型（琢），最后还要打磨光洁（磨），有精益求精之意。本章中，取后一种意思。⑤赐：子贡名。孔子对学生都称其名。⑥告诸往而知来者：往，过去的事情。来，未来的事情。

1.15 对自己的品行能力，要切磋琢磨、精益求精。

结语：推行仁德大道，患不知人也

1.16 子曰："不患①人之不己知，患不知人也②。"

【译文】

先生说："不担心别人不了解自己，真正让人担心的，是没有能力识别别人。"

【注释】

①患：忧虑，担心。②患不知人也：人不知己，可进一步提高自身修养和能力，"求为可知也"，同时可通过别人的推荐介绍，让人了解，以争取从政的机会。但如果缺少知人的智慧（樊迟问知。子曰："知人。"），即使有机会从政，也无法识别贤君、团结贤臣、任用贤士以推行大道，甚至可能像箕子、比干一样成为暴君的牺牲品。相比之下，"不知人"才是真正让人担心的。

1.16 在推行仁德大道的过程中，别人不了解自己的志向和品行，并不需要特别担心；真正需要担心的，是自己不能识别别人，不能找到志同道合之人共同推行大道，甚至受到别人的欺骗和残害。

引言中说"学而时习之，不亦说乎？"出发点是"悦"。结语中提到"患不知人也"，着眼点是"患"。所"悦"的是仁道，所"患"的是智慧；所"悦"的是理想，所"患"的是现实。一"悦"一"患"，道出推行大道的追求与艰辛。

为政以德

引言：为政以德，则臣民敬服

2.1　子曰：“为政以德①，譬如北辰②，居其所③而众星共④之。”

【译文】

先生说：“用道德引导的方式实施政务管理，君主就会像北极星那样，居于应在的方位，臣下和百姓则会像群星一样环绕在他周围。”

【注释】

①为政以德：以，用。德，道德。朱熹注曰，“政之为言正也，所以正人之不正也。德之为言得也，得于心而不失也。”②北辰：北极星，最靠近北天极的一颗星。它并非具体星名，而是对星体位置和职能的描述。各时代的北极星并不相同。4000年前的北极星，不是现在的勾陈一，而是北极二（又称紫微星或帝星）。③所：处所，位置。④共：同“拱”，环绕。

2.1　为政以德，是实现政治有序、臣民敬服的根本之道。

一、德治符合人性规律

2.2　子曰：“诗三百①，一言以蔽②之，曰‘思无邪’③。”

【译文】

先生说：“《诗经》三百篇，用一句话来概括，就是‘思想纯正’。”

2.2　从本性看，人的思想都是纯正的。

【注释】

①诗三百：诗，指《诗经》一书，此书实有诗歌305篇，三百只是取其整数。②蔽：概括。③思无邪：《诗经·鲁颂·駉篇》上的一句。在本章中，思，作思想解。无邪，意为纯正。

2.3 子曰："道①之以政，齐②之以刑，民免③而无耻④；道之以德，齐之以礼，有耻且格⑤。"

【译文】

先生说："用政令引导百姓，用刑法约束他们，百姓只会想方设法钻政策的空子，既获利又免于受罚，而且毫无羞耻之心；用道德引导百姓，用礼法去约束他们，百姓不仅会有羞耻之心，而且会严格遵守规则。"

【注释】

①道：引导。②齐：约束，使整齐。③免：杨伯峻注曰，"先秦古书若单用一个'免'字，一般都是'免罪''免刑''免祸'的意思。"④耻：羞耻之心。⑤格：划分成的空栏或框子，引申为端正、纠正、匡正。《尚书·冏命》曰，"格其非心"，意为纠正错误、邪僻的思想。

2.3 施政的方式，决定了人性转变的方向。施行道德教化，可使百姓讲道德且主动遵守规则；以政令和刑罚治国，导致百姓爱钻政策空子且毫无羞耻之心。

2.4 子曰："吾十有①五而志于学，三十而立②，四十而不惑③，五十而知天命④，六十而耳顺⑤，七十而从心所欲，不逾矩⑥。"

【译文】

先生说："我十五岁立志于学习；三十岁时建立了对大道的初步认识；到了四十岁，对大道的理解不断深入，能不被外界事物所迷惑；到了五十岁，明白了上天赋予自己的使命和责任；六十岁以后，听到各种言论，都不会觉得不可理解；到了七十岁，能够做到随心所欲，而不越出规矩。"

【注释】

①有：同"又"。②立：站得住。指思想成熟起来。③不惑：

2.4 孔子的学习经历和收获体会，证明道德教化是可行的。它能够逐步改变一个人的思想，使之由最初的混沌无知，到逐渐建立并不断深化对社会运行规律的认识，进而知晓天命、不被外界事物所迷惑。④天命：上天赋予的使命和责任。⑤耳顺：指对那些自己不赞同的话，也能充分理解，不感觉不顺耳。⑥从心所欲，不逾矩：从，遵从。逾，越过。矩，规矩。

能够听进不同言论，最终达到“从心所欲，不逾矩”的境界。

2.5 孟懿子①问孝。子曰：“无违②。”

樊迟③御④。子告之曰：“孟孙⑤问孝于我，我对曰，无违。”樊迟曰：“何谓也？”子曰：“生，事之以礼⑥；死，葬之以礼，祭之以礼。”

【译文】

孟懿子请教孝道。先生说：“孝就是不要违背。”

不久，樊迟为孔子驾车。先生告诉他：“孟孙问我怎么做才算是孝，我回答他说，不要违背。”樊迟说：“这句话是什么意思呢？”先生说:“父母活着的时候，要依照礼的规范侍奉他们；父母去世后，要依照礼的规范埋葬他们、祭祀他们。”

【注释】

①孟懿（yì）子：仲孙何忌，鲁国的大夫，三家之一，“懿”是谥（shì）号。其父临终前要他向孔子学礼。②无违：不要违背。③樊迟：孔子弟子，姓樊名须，字子迟，比孔子小 36 岁。④御：驾驭马车。⑤孟孙：指孟懿子。⑥生，事之以礼：古代的礼仪标准体现了政治地位，天子、诸侯、大夫、士、庶人所用礼仪各不相同。鲁国的孟孙、叔孙、季孙三家大夫，不但有时用鲁公（诸侯）之礼，有时甚至用天子之礼。这种行为叫“僭（jiàn）”，是孔子所反对的。孔子认为，按照应有的礼仪对待父亲，体现了对父亲的尊重，就是孝。

2.5 5～10 章，以“孝”为例，阐述如何通过道德教化，逐步将朴素的孝心提升为孝德，服务于构建合理的社会秩序。

本章意，要用国家礼制来规范孝行，使其体现政治管理的要求，服务于构建合理的政治秩序。

2.6 孟武伯①问孝。子曰：“父母唯其疾之忧②。”

【译文】

孟武伯请教孝道。先生说:“父母仅仅担心子女所患的病(对其他方面都不用担心)。”

2.6 然后，将孝心拓展到勤奋努力、积极进取的行动上，不让

【注释】

①孟武伯：孟懿子的儿子，名彘（zhì），“武”是谥号。②父母唯其疾之忧：其，代词，指子女。疾，病。

父母对自己的品格、生活能力等担心。（使孝心成为个人发展、社会进步的重要动力。）

2.7　子游①问孝。子曰：“今之孝者，是谓能养②。至于犬马，皆能有养。不敬，何以别乎？”

【译文】

子游请教孝道。先生说：“如今所谓的孝，只是说能够养活父母。然而，就是犬马也会被养活。如果不尊敬父母，那么赡养父母与饲养犬马又有什么区别呢？”

【注释】

①子游：孔子弟子，姓言名偃（yǎn），字子游，吴国人，比孔子小 45 岁。②养：供奉饮食。

2.7　7～9 章意，孝心、孝行向精微处发展，使家庭关系更加和睦，在全社会形成和谐融洽、其乐融融的美好氛围。

本章意，将孝心体现于发自内心地尊敬父母。

2.8　子夏问孝。子曰：“色难①。有事，弟子②服其劳③；有酒食，先生馔④。曾⑤是以为孝乎？”

【译文】

子夏请教孝道。先生说：“在父母面前，一直保持愉悦的容色是件难事。有了事情，年轻人效劳；有了酒饭，年长的人先吃。难道能认为这样就算是孝了吗？”

【注释】

①色难：色，容色。难，不容易。《礼记 · 祭义篇》曰：“孝子之有深爱者，必有和气；有和气者，必有愉色；有愉色者，必有婉容。”②弟子、先生：弟子，指晚辈、儿女等。先生，指年长者、父母等。③服其劳：代其承担所需劳作。服，从事、担负。④馔（zhuàn）：饮食、吃喝。⑤曾（céng）：副词，竟。

2.8　更进一步，将孝心体现于见到父母时所表现出来的愉悦的容色，让父母看到后心情愉快。

2.9 子曰:“吾与回①言终日,不违②,如愚。退而省其私③,亦足以发,回也不愚。”

【译文】

先生说:“我与颜回谈论一整天,他一点也不提反对意见,好像很愚笨。待离开后,再细思他在其他时间的言行,也足以对我有所启发,颜回其实并不愚笨。”

【注释】

①回:孔子最得意的学生,姓颜名回,字子渊,鲁国人,依《史记·仲尼弟子列传》,颜回比孔子小30岁。②不违:朱熹注曰,“意不相背,有听受而无问难也。”文中译为不提反对意见。③省(xǐng)其私:省,思考。私,私下的言行,文中指老师不在面前时的言行。

2.9 再进一步,将孝心体现于言行细节之中,说话做事充分考虑父母(老师)的感受,不让其感到难堪。(但对颜回,孔子是如何“省其私”的呢?)

2.10 子曰:“视其所以①,观其所由②,察其所安③。人焉廋④哉?人焉廋哉?”

【译文】

先生说:“了解一个人的志向和目标,细观他为实现目标而采取的具体做法,深察他的品性追求。这个人怎么能隐藏得了呢?这个人怎么能隐藏得了呢?”

【注释】

①所以:所要达到的目标。如樊迟请求学种庄稼、学种菜,孔子批评他没有志向。以,表示目的的连词。②所由:走过的道路,即具体的做法。如“其行己也恭,其事上也敬,其养民也惠,其使民也义”之类。③所安:所安的心境,即品性的追求。如“饭疏食饮水,曲肱而枕之,乐亦在其中矣”之类。④廋(sōu):隐藏、藏匿。

2.10 紧接上章。孔子通过“视其所以,观其所由,察其所安”,了解了颜回的理想追求和个人品质。

二、借鉴历史经验，确立以德为核心的施政方略

2.11 子曰："温故而知新①，可以为师矣。"

【译文】

先生说："回顾以前的事情，从而知道以后将会发生的事情，就可以当别人的老师了。"

【注释】

①温故而知新：温，回顾。故，即古，指过去的事情。新，以后将会发生的事情。

2.11 要研究以前的情况，为解决当前的问题提供借鉴。(历史知识很多，要研究其中的什么内容呢？)

2.12 子曰："君子不器①。"

【译文】

先生说："君子不像器具那样（只具有某项具体的功用）。"

【注释】

①器：器具，如舟船可以过河、车辆可以陆行等，借指某一方面的才能。不器，是指超越了"器"的层次，具备治国安邦的能力。器与不器，不是量的区别，而是质的不同。

2.12 君子不应关注其中的微末小技，而是要着力研究其中的治国大道。

2.13 子贡问君子。子曰："先行其言而后从之。"

【译文】

子贡请教怎样做一名君子。先生说："对于你想说的道理，自己先实践，然后根据实践情况修订你的看法。"

2.13 对于打算学习借鉴的经验，要经过亲自实践检验。

2.14 子曰："君子周①而不比②，小人比而不周。"

【译文】

先生说："君子考虑民众普遍的利益而不偏私少数人，小人偏私少数人而不考虑民众普遍的利益。"

【注释】

①周：普遍与人亲厚。②比（bì）：偏私少数人。

2.14 施政的总体要求是，要考虑民众普遍的利益，不能只为少数人谋利。

11～14章，

从正面阐述借鉴历史的方法和内容。

2.15　子曰：“学而不思则罔，思而不学则殆①。”

【译文】

先生说：“只学不思，就会迷惑；只思不学，就会陷入危险。”

【注释】

①学而不思则罔，思而不学则殆：罔，迷惑、糊涂。殆，危险。本句作为广为流传的格言，具有普遍的适用性。但孔子总结这句格言时，则是根据其亲身经历和体会，针对特定的学习内容和思考收获而发出的感慨，这也正是其在本篇中的确切含义。《论语·述而篇第七》中，子曰，“述而不作，信而好古，窃比于我老彭。”可见，孔子学习的是古代文献知识。《论语·卫灵公篇第十五》中，孔子对子贡说，“女以予为多学而识之者与？”“非也。予一以贯之。”又说，“由，知德者鲜矣。”可见，孔子在学习古代文献知识的过程中，一直在思考贯穿其中的规律，最终总结出了“德”这个施政之道，并以“德”为统领将各类文献知识“一以贯之”。因此，本句话的具体含义应该是，只学习古代文献知识，却不思考贯穿其中的规律，就会感到迷惑；只思考治国的方法，却不学习了解古代历史知识，就会陷入危险。

2.15　15～16章，从反面阐述不借鉴历史经验教训将会面临的危险。

本章意，研究施政方略，却不学习借鉴历史经验，容易陷入危险。（具体是什么危险呢？）

2.16　子曰：“攻①乎异端②，斯③害也已④。”

【译文】

先生说：“批判那些错误的思想和言论，那些错误思想言论的危害才可以消除。”

【注释】

①攻：攻击，批判。②异端：与正道相对，指不正确的思想、道路、方法等。孔子之时，虽尚无诸子百家，但刑罚治国（“道

2.16　紧接上章。这种危险，就是偏离正确的方向，走上邪路、歪路。对错误的思想言论，应该大张旗鼓地批判，让大

之以政，齐之以刑”)、强兵立国（卫灵公问阵于孔子）等思想是存在的。③斯：代词，这。④已：动词，止。

家都认识到其错误。

2.17 子曰：“由①，诲女②知之乎！知之为知之，不知为不知，是知也。”

【译文】

先生说：“由，告诉你什么是对待知与不知的正确态度吧！知道就是知道，不知道就是不知道，这是对待知与不知的正确态度。”

【注释】

①由：孔子弟子，姓仲名由，字子路，比孔子小9岁。②女：同“汝”，你。

2.17 对施政的复杂性要有充分认识，千万不能以不知为知。

三、落实德治方略，要重视政务管理

2.18 子张①学干禄②。子曰：“多闻阙③疑④，慎言其余，则寡尤⑤；多见阙殆，慎行其余，则寡悔。言寡尤，行寡悔，禄在其中矣。”

【译文】

子张学习求得官职俸禄的方法。先生说：“要多听，有疑虑的地方暂时不下结论，对有把握的，也要谨慎地表达，就能少犯错误；要多看，对有可能产生不利后果的政策先放在一旁，对有把握的，也要谨慎地做，就能减少后悔。说话少过失，做事少后悔，官职俸禄就在其中了。”

【注释】

①子张：孔子弟子，姓颛（zhuān）孙名师，字子张，比孔子小48岁。②干禄：干，求。禄，旧时官吏的俸禄。③阙：缺，即暂时不下断语，留待查考。④疑：有疑虑的地方。⑤寡尤：寡，少。尤，过失。

2.18 制定政策时，要严谨负责。说有把握的话，以减少过错；做有把握的事，以免产生不利后果。

2.19 哀公①问曰："何为则民服？"孔子对曰②："举直错诸枉③，则民服；举枉错诸直，则民不服。"

【译文】

鲁哀公问："如何做，才能使百姓心服？"孔子回答说："提拔正直无私的人，把邪恶不正的人废置不用，老百姓就心服；提拔邪恶不正的人，把正直无私的人废置不用，老百姓就不会心服。"

【注释】

①哀公：鲁国国君，姓姬（jī）名蒋，"哀"是谥号，公元前494—前466年在位。②对曰：《论语》中记载臣下对答国君的询问都用"对曰"，以表示尊敬。③举直错诸枉：举，选拔。直，正直公平的人。错，同"措"，废置。枉，不正直的人。

2.19 选用官员时，要选拔正直无私的人，把邪恶不正的人废置不用。

2.20 季康子①问："使民敬、忠以②劝③，如之何？"子曰："临④之以庄，则敬；孝慈，则忠；举善而教不能，则劝。"

【译文】

季康子问："要使百姓恭敬、忠诚并勤勉努力，该怎样做呢？"先生说："对待百姓庄重严肃，百姓就会恭敬；以孝道对待年纪大的人、以慈爱之道对待年纪轻的人，百姓就会忠诚；表彰和选用有才能的人，教育没有才能的人，百姓就会勤勉努力。"

【注释】

①季康子：季孙肥，"康"是谥号，鲁哀公时任正卿，是当时政治上最有权势的人。②以：连接词，意同"而"。③劝：勤勉努力。④临：居上位者对居下位者为"临"。

2.20 执行政策时，要态度庄重、慈爱百姓、引导上进。

四、落实德治方略，要重视教化百姓

2.21 或①谓孔子曰："子奚②不为政？"子曰："《书》③云：'孝乎惟孝，友于兄弟，施④于有⑤政。'是亦为政，奚其为为政？"

【译文】

有人对孔子说："你为什么不参政治国呢？"先生回答说："《尚书》上说，'孝这种品德真重要啊！要把孝这种品德体现到对兄弟的友爱上，推广到政事的处理上。'这就是参与政治了，除了这些，又要怎样做才算是参政治国呢？"

【注释】

①或：有人。不定代词。②奚：疑问词，相当于"为什么"。③《书》：指《尚书》。④施：施行。⑤有：杨伯峻注曰，"'有'字无义，多加于名词之前，这是古代构词法的一种形态。"

2.21 要将孝悌的品德要求体现于社会管理活动中，引导社会风气走向。（这是构建良好社会风尚的根本。）

2.22 子曰："人而无信，不知其可也。大车无輗①，小车无軏②，其何以行之哉？"

【译文】

先生说："作为一个人，却不讲诚信，不知他能干成什么事情。就好像大车没有輗、小车没有軏一样，如何能走得了呢？"

【注释】

①輗（ní）：古代牛车车辕前面横木上的木销子。大车指的是牛车。②軏（yuè）：古代马车车辕前面横木上的木销子。小车指的是马车。没有輗和軏，就无法套住牲口，车自然就不能走。

2.22 要教育百姓诚信。这是一个人立身处世的关键。（这也是社会正常运行的关键。）

2.23 子张问："十世①可知也？"子曰："殷因②于夏礼，所损益③，可知也；周因于殷礼，所损益，可知也。其或继周者，虽百世，可知也④。"

2.23 要教育百姓懂得礼仪之道。（社会的有效

【译文】

子张问："十世以后的礼仪制度可以预见吗？"先生回答说："殷朝沿袭夏朝的礼仪制度，所增减是可以知道的；周朝沿袭殷朝的礼仪制度，所增减是可以知道的。假如将来有继承周朝的，哪怕是在一百世以后，其礼仪制度也是可以预见的。"

【注释】

①世：古时称30年为一世，又为一代。或说，王者易姓受命为一代，十世即十代。子张所问，恐当属前一说。②因：沿袭、沿用、继承。③损益：减少和增加，即变动之意。④虽百世，可知也：此即前文所说的"温故而知新"。

运行，离不开必要的礼仪制度。）

结语：众星共之，不一定是为政以德的结果

2.24　子曰："非其鬼①而祭之，谄②也。见义不为，无勇也。"

【译文】

先生说："不是自己应该祭祀的鬼神，却去祭祀它，就是谄媚。看到应该挺身而出的事情，却不去做，就是怯懦。"

【注释】

①鬼：古代人死都叫"鬼"，一般指已去世的祖先，偶尔也泛指鬼神。②谄：谄媚、阿谀。

2.24　引言说，"为政以德……众星共之。"本章意，如果臣下谄媚、见义不为、唯上是尊，即使君主被臣下"众星共之"，也绝不能说明君主"为政以德"，只是体现了臣下道德水平的低下。

八 佾 篇 第 三

治国以礼

引言：心无仁德，礼乐失序

3.1　孔子谓季氏①，“八佾②舞于庭。是可忍也，孰不可忍也③！”

【译文】

孔子谈到季氏，“在家庙中僭用天子礼仪，使用八佾之舞。这种事情如果能够被容忍，还有什么事情不可容忍！”

【注释】

①季氏：鲁国正卿季孙氏，即季平子。马融认为是季桓子。②八佾（yì）：佾，行。每佾人数，同其佾数（也有说一佾 8 人），八佾就是 64 人。据周制，天子八佾，诸侯六佾，卿大夫四佾，士二佾。季氏是正卿，只能用四佾。马融注：“鲁以周公故，受王者礼乐，有八佾之舞。季桓子僭于其家庙舞之，故孔子讥之。”③是可忍也，孰不可忍也：礼仪制度，是周朝实施国家治理的重要方式，代表着政治秩序。不遵守礼仪制度，特别是政治性极强的祭祀礼仪，就是对政治秩序的蔑视和挑战。这也正是孔子对“八佾舞于庭”如此愤慨的原因。

3.1　直斥季氏僭用天子礼仪，让人不可容忍！（不遵守礼仪制度，特别是政治性极强的祭祀礼仪，是对政治秩序的蔑视和挑战，让人不可容忍。）

3.2　三家①者以《雍》②彻③。子曰：“‘相维辟公，天子穆穆④’，奚取于三家之堂⑤？”

【译文】

孟孙、叔孙、季孙三家在祭祖完毕撤去祭品时，乐工唱《雍》这篇诗。先生说：“《雍》诗上有两句是，‘助祭的是诸侯，天

3.2　批评孟孙、叔孙、季孙三家在“乐”上的僭越行为。

子庄严肃穆地在那里主祭。’这样的话，怎能被用在三家的庙堂上呢？”

【注释】

①三家：鲁国当政的三卿，孟孙、叔孙、季孙。他们都是鲁桓公的后代，又称“三桓”。②《雍》:《诗经·周颂》中的一篇。古代天子祭宗庙完毕，撤去祭品时唱这首诗。③彻：同“撤”。④相维辟公，天子穆穆：《雍》诗中的话。相，助祭者。维，语气助词。辟公，指诸侯。穆穆，庄严肃穆。⑤堂：庙堂。

3.3 子曰：“人而不仁，如礼何？人而不仁，如乐何？”

【译文】

先生说：“一个人没有仁德，要礼有什么用呢？一个人没有仁德，要乐有什么用呢？”

3.3 如果没有仁德，那么举行礼乐活动有什么意义呢？

1～3章意，三家大夫僭越礼乐制度，不能抬高自己的身份地位，只体现出自身毫无仁德。

一、礼仪的根本是仁德

（一）礼仪是真挚感情的外在表现

3.4 林放①问礼之本。子曰：“大哉问！礼，与其奢也，宁俭；丧，与其易②也，宁戚③。”

【译文】

林放请教礼的根本。先生说：“这个问题意义重大！礼节仪式，与其奢侈，宁可节俭；就丧礼而言，与其仪式周备，宁可内心真正悲伤。”

3.4 礼的实质，不是礼节仪式，而是真挚的感情。

【注释】

①林放：鲁国人。②易：治理。这里指丧葬的礼节仪式非常周到。③戚：忧愁，悲哀。朱熹引范氏曰，“俭者物之质，戚者心之诚，故为礼之本。”

3.5 子曰：“夷狄①之有君②，不如诸夏③之亡④也。”

【译文】

先生说：“夷狄虽然文化落后，但知道敬重君主。不像中原诸国，虽礼仪齐备却目无君主。”

【注释】

①夷（yí）狄（dí）：古代中原地区的人对周边文化比较落后地区少数民族的贬称。东方的少数民族为夷，北方的少数民族为狄。②有君：心中尊敬君主。③诸夏：指居住在中原一代各诸侯国的华夏族。④亡：同“无”。朱熹引程子曰，“夷狄且有君长，不如诸夏之僭乱，反无上下之分也。”

3.5 这种真挚的感情，一个重要方面是对君主的尊敬。中原诸国礼仪齐备却目无君主，还不如夷狄之地。

3.6 季氏旅①于泰山。子谓冉有②曰：“女③弗能救④与？”对曰：“不能。”子曰：“呜呼！曾谓泰山不如林放乎？”

【译文】

季氏要去祭泰山。先生对冉有说：“你难道不能劝阻他吗？”冉有说：“不能。”先生说：“唉！难道说泰山神还不如林放知礼（居然会接受这种不合礼仪的祭拜）吗？”

【注释】

①旅：祭名。古时，只有天子和诸侯才有资格祭名山大川。季氏只是鲁国大夫，竟然去祭泰山，这是“僭礼”行径。②冉有：孔子弟子，姓冉名求，字子有，比孔子小29岁。当时是季氏家臣，所以孔子责备他。③女：同“汝”，你。④救：指挽救季氏使其免于僭越之罪。文中译为劝阻。

3.6 季氏不尊敬君主，僭越礼仪规定祭拜泰山。（泰山神会接受这种祭拜吗？）

3.7　子曰："君子无所争。必也射①乎！揖②让而升，下而饮。其争也君子。"

【译文】

先生说："君子没有什么可与别人争的事情。如果有的话，那就是射箭比赛了。比赛前，先相互作揖谦让，然后上场。射完后，再退下一起饮酒。这种竞争也是君子之争。"

【注释】

①射：原意为射箭，此处指古代的射礼。②揖：拱手行礼，表示尊敬和礼让。

3.7　紧接上章。君子无所争。泰山神更不会"争"受祭的次数和丰盛的祭品。对于僭越的礼仪，它不可能接受，也不会佑护祭拜之人。

（二）仁德是礼仪的根本

3.8　子夏问曰："'巧笑倩兮，美目盼兮，素以为绚兮①。'何谓也？"子曰："绘事后素②。"

曰："礼后乎？"子曰："起予者商也③！始可与言诗已矣。"

【译文】

子夏问："'巧笑迷人，美目顾盼，不加修饰的美真是光彩夺目啊。'这说明了什么道理呢？"先生说："就像画画，首先要画板干净，然后才能在上面作画。"

子夏又问："礼在仁德之后吗？"先生说："能启发我的人是商啊，现在可以同你讨论《诗经》了。"

【注释】

①巧笑倩兮，美目盼兮，素以为绚（xuàn）兮：前两句见《诗经·卫风·硕人》，后一句可能是佚诗。倩，面颊好看。兮，语气助词，相当于"啊"。盼，黑白分明，形容眼波流转、灵巧美丽的样子。绚，绚烂，有文采。②绘事后素：绘，画。素，白底。③起予者商也：子夏从孔子所说的绘画必以白素为底，引申到礼必以仁德为质，这种由绘画引申到礼仁关系的做法，对孔子有所启发。起，启发。予，我。商，子夏名商。朱熹引

3.8　礼仪以内在的仁德之美为前提。内在的仁德之美是多么光彩夺目啊！

杨氏曰，“甘受和，白受采，忠信之人，可以学礼。苟无其质，礼不虚行。”

3.9 子曰：“夏礼，吾能言之，杞①不足征②也；殷礼，吾能言之，宋③不足征也。文献④不足故也。足，则吾能征之⑤矣。”

【译文】

先生说：“夏朝的礼，我能说出来，但它的后代杞国不足以为证；殷朝的礼，我能说出来，但它的后代宋国不足以为证。这是由于历史资料不够多，而且又没有人对夏礼、殷礼足够熟悉的缘故。如果历史资料足够多或者有人非常熟悉夏礼、殷礼的话，那么我对夏礼、殷礼的描述就可以得到证明了。”

【注释】

①杞：春秋时国名，是夏禹的后裔，在今河南杞县一带。②征：证明。③宋：春秋时国名，是商汤的后裔，在今河南商丘一带。④文献：文，指历史典籍。献，即贤，指贤者。⑤吾能征之：在文献不足的情况下，孔子为何敢于自信地说自己掌握了夏礼、殷礼，甚至连杞、宋两国均不足为证呢？其原因在于，孔子掌握了礼节仪式与所表达的个人感情及仁德品质之间的内在联系，也就能够从当前的礼仪做法，推断出以前及以后的礼仪制度。

3.9 虽然时代不同，但仁德品质的要求相近，所以礼仪制度演变有迹可循。（这也正是孔子在文献资料不足的情况下，敢于自信地说自己掌握了夏礼、殷礼的原因。）

3.10 子曰：“禘①自既灌②而往者，吾不欲观之矣。”

【译文】

先生说：“禘祭的典礼，从第一次献酒以后，我就不愿意看了。”

【注释】

①禘（dì）：古代天子举行的祭祀祖先的隆重典礼。周成王因为周公旦功绩甚伟，特许对他举行禘祭。②灌：禘祭典礼中第一次献酒。

3.10 禘祭是重大祭祀活动。孔子极重礼仪，为什么对此却“不欲观之”？

3.11　或问禘之说①。子曰："不知也②。知其说者之于天下也，其如示诸斯③乎！"指其掌。

【译文】

有人问关于禘祭的道理。先生说："不知道。懂得其中道理的人，看天下之事，就像给他看这里的东西一样吧！"一面说一面指着他的手掌。

【注释】

①禘之说：关于禘祭的道理。说，理论、道理、规定。②不知也：孔子不是不知，而是因为禘祭的道理与治国之道相通，至深至大，故不愿轻易说出。同时孔子也认为，真正不知禘祭道理的，是那些正在举行禘祭仪式的人。③斯：指后面的"掌"。

3.11　紧接上章。因为祭祀的人不懂得禘祭的道理，只是在表演空洞的礼节仪式。如果祭祀的人果真懂得了禘祭的道理，深刻领悟礼节仪式中所表现出的仁德内涵，那么看天下事也就能够一目了然了。

（三）举行礼仪活动，态度应真诚

3.12　祭如在，祭神如神在。子曰："吾不与祭，如不祭①。"

【译文】

祭祀祖先就像祖先真在面前，祭神就像神真在面前。先生说："我如果不亲自参加祭祀（而让人代祭），那就和没有祭祀一样。"

【注释】

①吾不与祭，如不祭：朱熹引范氏曰，"君子之祭，七日戒，三日齐，必见其祭者，诚之至也……有其诚则有其神，无其诚则无其神，可不谨乎？吾不与祭，如不祭，诚为实，礼为虚也。"

3.12　举行礼仪活动时，态度不够真诚，就无法体现礼仪中所包含的真挚感情。

3.13　王孙贾①问曰："与其媚②于奥③，宁媚于灶④，何谓也？"子曰："不然。获罪于天，无所祷也⑤。"

【译文】

王孙贾问道："与其奉承奥神，不如奉承灶神。这话是什

3.13　当然，如果获罪于天，却希望通过礼仪活动谄媚神灵，以

么意思？”先生说：“不对。如果得罪了上天，那就无处祷告了。”

【注释】

①王孙贾：卫灵公的大臣，当时任大夫。②媚：谄媚、巴结、奉承。③奥：指屋内位居西南角的神。地位虽尊却不直接管事。媚于奥，指讨好地位高但不直接管事的人。④灶：指灶旁掌管烹饪做饭的神。地位虽卑但直接掌管家中饮食。媚于灶，指讨好地位虽然不高，但权力大、直接管事的人。⑤无所祷也：王孙贾所问，意为为官者应该巴结什么样的人。孔子意，为官者不应考虑巴结谁的问题，而应考虑怎样把事情做好。如果不循正道而行，一旦获罪于天，则无所祷也。

达到免除罪罚、获得不当利益的目的，尽管态度很真诚，也是不可能实现的。

二、周礼的崩坏与仁德的衰败

3.14　子曰：“周监①于二代②，郁郁③乎文哉！吾从周。”

3.14　周礼的规范非常完美。

【译文】

先生说：“周朝的礼仪制度，是在夏、商二代礼仪制度基础上做进一步完善后制定出来的，是多么文采美盛啊！我赞同周朝的礼仪制度。”

【注释】

①监（jiàn）：同“鉴”，指古镜，引申为借鉴、参考。汉朝贾谊《新书·胎教》中说，“明监，所以照形也；往古，所以知今也。”②二代：指夏和商。③郁郁：文采美盛之貌。

3.15　子入太庙①，每事问。或曰：“孰谓鄹②人之子知礼乎？入太庙，每事问。”子闻之，曰：“是礼也③。”

3.15　但普通百姓对周礼的内在要求已经不熟悉了。

【译文】

先生进入太庙，每件事都详细询问。有人说：“谁说鄹人家的孩子懂得礼？他进入太庙，每件事都要问一问。”先生听到此话后说：“这就是礼呀！”

【注释】

①太庙：古代开国之君称为太祖，太祖之庙便为太庙。周公旦是鲁国最初受封之君，因此鲁国太庙就是周公旦的庙。②鄹（zōu）：春秋时鲁国地名，在今山东曲阜附近。孔子的父亲叔梁纥（hé）曾为鄹邑大夫。"鄹人之子"指孔子。③是礼也：进入太庙，每件事情都细细请教，体现了极度的谨慎和恭敬。这种谨慎恭敬的态度就是礼的精神内涵。

3.16 子曰："射不主皮①，为力不同科②，古之道也③。"

【译文】

先生说："比箭术，不重视是否穿透靶子，因为比力气与比箭术不是同一个科目。自古以来就是这样。"

【注释】

①皮：代表箭靶子。古代箭靶子叫"侯"，可用布做，也可用皮做。②科：品类，项目。③古之道也：古时，箭术比赛主要比射箭的技巧，是否射穿箭靶并不重要。但在孔子时代，列国争战，从战斗的实用性出发，箭术比赛以穿透箭靶为贵。

3.16 许多做法与周礼的规范相背离。

3.17 子贡欲去告朔①之饩羊②。子曰："赐也，尔爱③其羊，我爱其礼。"

【译文】

子贡打算去掉每月初一告祭祖庙用的活羊。先生说："赐，你爱惜那只羊，我却爱惜那种礼仪。"

【注释】

①告朔（shuò）：朔，指农历每月初一，月球恰好运行到与太阳黄经相等的时刻，此时地面观测者看不到月面任何明亮的部分。按古代制度，天子于每年秋冬之际，把第二年的历书颁发给诸侯，称为"颁告朔"。诸侯把历书放在祖庙里，并按照历书规定的每月初一那天来到祖庙，杀一只活羊祭庙，表示每月听政的开始，称为"告朔"。当时，鲁国君主已不亲自去"告

3.17 周礼的规定被打破进而消失，是个渐进的过程。先是君主对礼节仪式失去应有的重视，使其有名无实，然后再取消其名，相关礼仪制度也就消亡了。

朔”，这个仪式已经有名无实，所以子贡认为不必再保留此形式，干脆连羊都不要杀。②饩（xì）羊：用于祭祀的羊。饩，杀而不烹。③爱：爱惜。

3.18 子曰：“事君尽礼，人以为谄也。”

【译文】

先生说：“完完全全按照周礼的规定事奉君主，别人却以为是谄媚。”

3.18 随着礼仪规范的消失，一个人如果严格按照礼仪规定事奉君主，反倒让人认为是谄媚。

3.19 定公①问：“君使臣，臣事君，如之何？”孔子对曰：“君使臣以礼，臣事君以忠②。”

【译文】

鲁定公问孔子：“君主应该怎样对待和使用臣下，臣下应该怎样事奉君主呢？”孔子回答说：“君主应该按照礼的要求去对待和使用臣下，臣下应该以忠诚来事奉君主。”

【注释】

①定公：鲁国国君，姓姬名宋，“定”是谥号。公元前509—前495年在位。②君使臣以礼，臣事君以忠：朱熹引吕氏曰，“使臣不患其不忠，患礼之不至；事君不患其无礼，患忠之不足。”孟子曰，“君之视臣如手足，则臣视君如腹心；君之视臣如犬马，则臣视君如国人；君之视臣如土芥，则臣视君如寇仇。”（《孟子·离娄章句下》）

3.19 实际上，礼仪制度对君主治国意义重大。因为“君使臣以礼”，才有“臣事君以忠”。

三、兴礼仪以治国家

3.20 子曰：“《关雎》①，乐而不淫，哀而不伤②。”

【译文】

先生说：“《关雎》这首诗，有快乐，而不流于放荡；有忧愁，

3.20 礼仪可以调节人的思维和行为方式，使其

而不至于伤损身心。”

【注释】

①《关雎（jū）》:《诗经》的第一篇。写一君子追求淑女，思念时辗转反侧、寤寐思之的忧思，以及结婚时钟鼓乐之、琴瑟友之的欢乐。②乐而不淫，哀而不伤：淫，超过合理的界限。按照“巧笑倩兮，美目盼兮，素以为绚兮”的引申理解方式，此句的含义引申为，人的感情要诚挚而有节制，做事要方法合理而有分寸。这一点也正合乎周礼的精神内涵。

感情诚挚而有节制，做事方法合理而有分寸。（这是“乐而不淫，哀而不伤”的引申含义。）

3.21 哀公问社①于宰我②。宰我对曰：“夏后氏以松，殷人以柏，周人以栗，曰，使民战栗③。”子闻之，曰：“成事不说，遂事不谏，既往不咎④。”

【译文】

鲁哀公问宰我，应该用什么木作社主。宰我回答说：“夏朝用松木，殷朝用柏木，周朝用栗木，意思是使百姓战栗。”先生（在外地）听说了，说：“事情已经做了，就不要再提了；事情势在必行，就不要再劝阻了；过去做过的不对的事，也不必再追究了。”

【注释】

①社：古人建国必立社，以祭祀其地神。立社必树其地所宜之木为社主。钱穆注，“夏居河东，其野宜松。殷居亳（bó），其野宜柏。周居酆（fēng）镐（hào），其野宜栗。此皆苍老坚久之材，故树以为社。”②宰我：孔子弟子，姓宰名予，字子我，比孔子小29岁。③战栗：恐惧，发抖。④成事不说，遂事不谏，既往不咎：鲁哀公、宰我、孔子三人的问、对和曰，表面上谈的是“社”的问题，实际上谈的是对于季孙、孟孙、叔孙三家专鲁这个局面，鲁哀公应采取什么措施。宰我建议使用严酷的手段对付他们，要“使民战栗”。孔子认为，不可急切纠正，“成事不说，遂事不谏，既往不咎”，要着眼未来，待之以礼，逐步扭转当前的局面。（钱穆注，“后哀公终为三

3.21 面对臣强主弱的不合理局面，君主如果能以礼的精神来指导自身行为，“成事不说，遂事不谏，既往不咎”，着眼未来，待之以礼，施行仁政，可逐步使君臣关系回归正常。

家逼逐，宰我亦以助齐君谋攻田氏见杀。虽乏确据，而宛符当时之情事。”）

3.22 子曰："管仲①之器小②哉！"

或曰："管仲俭乎？"曰："管氏有三归③，官事不摄④，焉得俭？"

"然则管仲知礼乎？"曰："邦君树塞门⑤，管氏亦树塞门。邦君为两君之好，有反坫⑥，管氏亦有反坫。管氏而知礼，孰不知礼？"

【译文】

先生说："管仲的器量真小呀！"

有人说："管仲节俭吗？"先生说："管仲有三处住宅，三处住宅里的事情也都一事一人，专人管理、互不兼任，怎么谈得上节俭呢？"

"那么管仲知礼吗？"先生说："国君在大门口设立照壁，管仲也在大门口设立照壁。国君同别国国君会见时，堂上专设放置空酒杯的土台，管仲也专设这样的土台。如果说管仲知礼，那么还有谁不知礼呢？"

【注释】

①管仲：姓管名夷吾，齐国人，春秋时期的法家先驱，为齐桓公的宰相，辅助齐桓公成为诸侯的霸主。②器小：器量狭小。孔子对管仲相桓公、霸诸侯的功业高度肯定。本章中，孔子说其器小，主要是指管仲不知节俭且缺少礼仪约束，更谈不上礼仪治国了，与周公相比，器量太小，从而影响其成就更大的事业。从历史上看，管仲死，桓公薨（hōng），齐国的霸主地位也就不复存在，与管仲"器小"不无关系。③三归：三处归所、住宅。④摄：兼任。⑤树塞门：古时屏亦称树。塞，蔽。设屏于门，以别内外。⑥反坫（diàn）：古代君主招待其他国家国君时，专门筑一土台，用于放置献过酒的空杯子，方便君主与他国国君饮酒时相互拜谢和答拜。

3.22 臣下如能践行礼的精神，器度将更加宏大，治国安邦的功绩也将更上层楼。（管仲不知俭、不知礼，不懂礼仪治国之道，所以未能成就更大的事业，已成就的功业也难以持续。）

四、礼仪之道

3.23 子语①鲁大师②乐。曰：“乐其可知也：始作，翕③如也；从④之，纯⑤如也，皦⑥如也，绎⑦如也，以成。”

【译文】

先生告诉鲁国太师奏乐之道。说：“奏乐之道是可知的：开始演奏时，钟鼓齐鸣，使人振奋；逐步展开，乐音纯洁悦耳，其后音节分明，连绵不断，最终完成。”

【注释】

①语：告诉，作动词用。②大（tài）师：大同“太”。太师，为乐官之长。③翕（xī）：合、聚。字从羽，谓鸟初飞而羽合举也。④从：展开。⑤纯：纯洁无杂质。⑥皦（jiǎo）：玉石之白甚明也。文中指音节分明。⑦绎（yì）：不绝之丝。文中意为连绵不断。

3.23 礼仪之道是可知的：初始之时，人们感情真挚而奔放（翕如也）；经过礼仪调校，人们感情纯洁而有度（纯如也），举止文质彬彬（皦如也）；随着礼的精神逐渐内化为人们的思维和行为方式，社会呈现上下和睦、稳定和谐的局面（绎如也），最终完成。

结语：礼崩乐坏，国之乱象

3.24 仪封人①请见，曰：“君子之至于斯也，吾未尝不得见也。”从者见之②。出曰：“二三子何患于丧③乎？天下之无道也久矣，天将以夫子为木铎④。”

【译文】

仪的边防官请求见孔子，说：“凡是有道德学问的人到这里来，我从没有不见的。”孔子的随行学生引他见了孔子。他出来后对孔子的学生们说：“你们这些人何必为你们的先生失

3.24 孔子周游列国，将礼仪学说传于天下，是上天的使命。

去官位而忧虑呢？天下无道已经很久了，上天将以你们的先生为木铎（使大道传于天下）。”

【注释】

①仪封人：仪为地名，据说在今河南兰考县境内。封人，掌封疆之官。②见（xiàn）之：使之被接见。③丧：失去，这里指失去官职。④木铎（duó）：木舌的铜铃。古代天子实施政教时，振木铎以警众。

3.25 子谓《韶》①，“尽美②矣，又尽善③也”。谓《武》④，“尽美矣，未尽善也⑤”。

【译文】

先生谈到《韶》，“内在精神美极了，表现方式也好极了”。谈到《武》，“内在精神美极了，但表现方式还不够好”。

【注释】

①《韶》：相传是歌颂虞舜的乐舞。②美：指乐舞所体现的精神，“里仁为美”。舜和周武王，都是施仁于天下，所以乐舞“尽美矣”。③善：指乐舞所表现出来的行为方式。④《武》：相传是歌颂周武王的乐舞。⑤未尽善也：从取得天下的方式而言，舜以禅（shàn）让而得天下，乐舞中只有礼让与和谐，故“尽善也”。武王伐纣而得天下，乐舞中有征伐之意，故“未尽善也”。

3.25 从历史看，《韶》的时代尽美尽善；《武》的时代尽美未尽善，相比之下略有不足。

3.26 子曰：“居上不宽，为礼不敬，临丧不哀，吾何以观之哉？”

【译文】

先生说：“居于上位却不知宽厚，施行礼仪却不懂尊敬，参加丧事却不感悲哀，我怎么能看得下去呢？”

3.26 现实中的礼节仪式，却是徒有其表，毫无仁德内涵，让人“何以观之哉”？（季氏“八佾舞于庭”“三家者以《雍》彻”以及“禘自既灌而往者”，都属此类。）

里仁篇第四

里仁为美

引言：内心仁德，方为大美

4.1　子曰："里①仁为美。择不处仁②，焉得知③？"

【译文】

先生说："居于仁道是最美好的。择身而处却不选择居于仁道，哪算是有智慧呢？"

【注释】

①里：动词，居。②处（chǔ）仁：居于仁道。处，居。孟子曰，"仁，人之安宅也。"（《孟子·离娄章句上》）③知（zhì）：同"智"。

4.1　内心仁德是最美好的。（孔子为什么说"择不处仁"是不够有智慧呢？）

4.2　子曰："不仁者不可以久处约，不可以长处乐①。仁者安仁②，知者利仁③。"

【译文】

先生说："不仁的人，不能久处穷困之中，也不能久处逸乐之中。仁者安于仁道，智者知道仁道对自己最有利而主动去行仁道。"

【注释】

①不仁者不可以久处约，不可以长处乐：约，穷困、困窘。不仁者久处约则为非，长处乐则骄溢，结果都会导致危害社会、危及自身。②安仁：安于仁道。③利仁：知道仁道对自己最有利而去行仁道。

4.2　紧接上章。如果择不处仁，那么不论外在环境是穷困还是逸乐，自己的内心都很难长久保持安宁。因此，智者知道仁道对自己最有利而主动去行仁道。

4.3 子曰："唯仁者能好①人，能恶②人。"

【译文】

先生说："只有仁者，才能真正地喜爱人，真正地厌恶人。"

【注释】

①好（hào）：动词，喜爱。②恶（wù）：动词，憎恶、讨厌。

4.3 择仁而处，对社会也有利。因为仁者能够客观公正地对待别人，从而维护社会的公平与正义。

4.4 子曰："苟志于仁矣，无恶也。"

【译文】

先生说："只要立志于仁，就不会做坏事了。"

4.4 只要立志于仁道，就不会再做坏事了。

1～4章意，唯有仁者，能够做到内心安宁、为人公正。即使未达到仁，只要立志于仁，也就不会做坏事了。可见，内心仁德是多么美好！

一、仁德是君子的标志

4.5 子曰："富与贵，是人之所欲也，不以其道得之，不处也。贫与贱，是人之所恶也，不以其道得之，不去也。君子去仁，恶乎①成名？君子无终食之间违仁，造次②必于是，颠沛必于是。"

【译文】

先生说："富与贵，人人都想得到，但如果不能用正当方法得到，宁愿不得到。贫与贱，人人都厌恶，但如果不能用正当的方法摆脱，宁愿不摆脱。君子如果没有仁德，又怎

4.5 君子的仁德，既体现在对待富与贵这类人生重大选择的态度上，也体现在日常生活中的时时处处。（具体应该怎样做呢？）

么能叫君子呢？君子没有一顿饭的时间背离仁德，匆忙急遽（jù）之时仍保持仁德的品质，颠沛流离之际同样保持仁德的品质。”

【注释】

①恶（wū）乎：如何，怎样。②造次：匆忙急遽之时。

4.6 子曰：“我未见好仁者，恶不仁者。好仁者，无以尚①之；恶不仁者，其为仁矣，不使不仁者加乎其身。有能一日用其力于仁矣乎？我未见力不足者。盖②有之矣，我未之见也。”

【译文】

先生说：“我没见过真正喜好仁德的人和厌恶不仁德的人。喜好仁德的人，觉得世上没有什么东西比仁德更重要；厌恶不仁德的人，在做事情的时候，不会让不仁德的思想和行为体现在自己身上。真有人肯花一天的时间将精力全部用在实践仁德上吗？我没见过力量不够的。力量不够的人可能有，但我没见过。”

【注释】

①尚：动词，超过。②盖：大概。

4.6 紧接上章。要把仁德作为行事的最高准则，不让不仁德的思想和行为体现在自己身上。只要用心用力于仁，就能够达到仁。

4.7 子曰：“人之过也，各于其党①。观过，斯知仁矣②。”

【译文】

先生说：“人的过错，各有不同种类。考察他的过错，就可知这个人是否仁德了。”

【注释】

①党：类。②观过，斯知仁矣：《论语·子路篇第十三》中，叶公与孔子谈论“其父攘羊”一事，叶公所说的“其父攘羊，而子证之”，该子之过在于因公德而背孝德；孔子所说的“父为子隐，子为父隐”，该子之过在于因孝德而背公德。故观其过，则知其仁矣。

4.7 仁者并非做事无过错。从仁者所犯的过错中，也可分辨出其仁德的品质。

二、君子以推行仁德为使命

4.8 子曰："朝闻道，夕死可矣。"

【译文】

先生说："早晨听到大道，纵然当晚死去也是值得的。"

4.8 大道的价值，超越了个人的生与死。

4.9 子曰："士志于道，而耻恶衣恶食者，未足①与议也。"

【译文】

先生说："对于有志于推行大道，但又以吃穿不好为耻的人，是不值得与他谈论大道的。"

【注释】

①足：值得。皇侃引李充云："夫贵形骸之内者，则忘其形骸之外矣。是以昔之有道者、有为者乃使家人忘其贫，王公忘其荣，而况于衣食也。"

4.9 大道的价值，绝不是一个在意吃穿的人所能理解的。

4.10 子曰："君子之于天下也，无适①也，无莫②也，义之与比③。"

【译文】

先生说："君子对于天下之事，没有必须遵从的成例，也没有不允许触碰的禁忌，义是做事的根本原则。"

【注释】

①适：遵从。②莫：不可。③比：挨着，靠拢，偏爱。

4.10 大道就是仁义之道。君子的使命，就是将仁义之道施行于天下。

4.11 子曰："君子怀①德，小人怀土②；君子怀刑③，小人怀惠。"

【译文】

先生说："如果居上位的人心中想的是仁德，百姓就会眷恋乡土；如果居上位的人心中想的是刑罚法度，百姓就会只想着利益。"

4.11 居上位的人心中想的是仁德，百姓就会对国家忠贞不贰；居上位的人心中只想着刑罚法

【注释】

①怀：心中存有。②土：乡土。③刑：刑罚法度。本章与“道之以政，齐之以刑，民免而无耻；道之以德，齐之以礼，有耻且格”的含义相近。

度，百姓就会依利而行。（依利而行有什么危害吗？）

4.12 子曰：“放①于利而行，多怨。”

【译文】

先生说：“依利而行，就会招致怨恨。”

【注释】

①放：依据。

4.12 紧接上章。百姓依利而行，社会将滋生怨气。

4.13 子曰：“能以礼让为国乎，何有①？不能以礼让为国，如礼何②？”

【译文】

先生说：“能够依礼让原则来治理国家，那么治国还有什么困难呢？不能依礼让原则来治理国家，那么要礼仪制度有什么用呢？”

【注释】

①何有：意为“何难之有”。②如礼何：拿礼做什么用呢？

4.13 推行仁德大道，要重视礼让精神，充分发挥礼仪制度的重要作用。

4.14 子曰：“不患无位，患所以立。不患莫己知，求为可知也。”

【译文】

先生说：“不要担心没有职位，要担心自己是否具备相应的能力。不要担心没人理解自己，只求自己有真才实学值得别人去了解。”

4.14 对于一个立志于推行仁德大道但却无官无职的人来讲，他首先要做的，不是去谋官，而是要提高个人品德修养、增强各方面能力。

三、君子以仁德交友

4.15 子曰："参乎，吾道一以贯①之。"曾子曰："唯。"

子出。门人问曰："何谓也？"曾子曰："夫子之道，忠恕②而已矣。"

【译文】

先生说："参啊，我讲的道理是由一个思想贯穿始终的。"曾子说："是。"

先生出去了。旁边的同学问道："这是什么意思？"曾子说："先生之道，讲的就是忠和恕。"

【注释】

①贯：贯穿、统贯。②忠恕：忠，以人为中心，尽己之力，"己欲立而立人，己欲达而达人"。恕，以己心比人心，推己及人，"己所不欲，勿施于人"。

4.15 仁德之道体现在与人交往上，就是忠和恕。

4.16 子曰："君子喻①于义，小人喻于利。"

【译文】

先生说："君子着眼于义，小人着眼于私利。"

【注释】

①喻：明白，懂得。钱穆注曰，"君子于事必辨其是非，小人于事必计其利害。"朱熹引程子曰，"君子之于义，犹小人之于利也。唯其深喻，是以笃好。"

4.16 与人交往，要按义的要求去做，不要算计私利。

4.17 子曰："见贤思齐①焉，见不贤而内自省也。"

【译文】

先生说："见到别人身上的优点，就应向他学习，努力使自己也具备这一优点；见到别人身上的缺点，要反省自己是否有同样的缺点需要改正。"

4.17 在与人交往中，要善于对比借鉴，学习优点，改正不足。

【注释】

①齐：平，达到同样的高度。朱熹引胡氏曰，“见人之善恶不同，而无不反诸身者，则不徒羡人而甘自弃，不徒责人而忘自责矣。”

四、君子以仁德美身

（一）“里仁之美”，孝为根本

4.18 子曰：“事父母几①谏，见志不从，又敬不违，劳②而不怨。”

【译文】

先生说：“侍奉父母时，如果父母有不对的地方，要委婉地劝说。父母不愿听从，还要保持恭敬的态度，不要违逆，虽然因此而操心忧劳，也不生怨气。”

【注释】

①几（jī）：轻微、婉转。所谓“父母有过，下气怡色，柔声以谏。”②劳：忧愁、烦劳。

4.18 父母有过失，子女要婉言劝谏，即使父母不听从，仍要敬而不违，劳而不怨。

4.19 子曰：“父母在，不远游①，游必有方②。”

【译文】

先生说：“父母在世，不应该远离家乡。如果不得已要远行，也必须有确定的地方。”

【注释】

①游：指离开家乡到外地去。②方：地方、方位。

4.19 要将为父母尽孝作为一件重要的事情来对待。

4.20 子曰：“三年无改于父之道，可谓孝矣。”

【译文】

先生说：“如果父亲去世三年，这个人在言语和行动中所表现出的对父亲的尊重和敬爱没有丝毫改变，就可以说是孝了。”

4.20 父母去世后，仍要保持对父母的敬爱之心。

4.21 子曰:“父母之年,不可不知也。一则以喜,一则以惧。”

【译文】

先生说:“父母的年纪,不可不牢记在心!既为他们长寿而高兴,又为他们衰老而恐惧。”

4.21 要从内心深处珍惜与父母在一起的时光。

(二)“里仁之美”,务要谨言

4.22 子曰:“古者言之不出,耻①躬之不逮②也。”

【译文】

先生说:“古人不肯轻易把话说出口,是因为他们以自己做不到为耻。”

【注释】

①耻:以……为耻。②逮:及,赶上。

4.22 因为担心难以做到,所以要谨慎言语。

4.23 子曰:“以约①失之者鲜②矣。”

【译文】

先生说:“一个人善于自我约束,那么他犯错误的可能性就小多了。”

【注释】

①约:约束,节制,克制。内束其心,外束其行。②鲜:很少。

4.23 善于自我约束,就会减少过错。

4.24 子曰:“君子欲讷①于言而敏②于行。”

【译文】

先生说:“君子常想说话迟钝些,而做事敏捷些。”

【注释】

①讷(nè):迟钝。这里指说话谨慎。②敏:敏捷、快速。

4.24 紧接上章。自我约束并非束手束脚。对于仁义之事,要“讷于言而敏于行”。

结语：里仁之美，仍需以礼文之

4.25 子曰："德不孤，必有邻。"

【译文】

先生说："只要德行不差，一定会有人愿意与他为伴。"

4.25 只要德行不差，必然有人愿意与他为伴。

4.26 子游曰："事君数①，斯②辱矣；朋友数，斯疏矣。"

【译文】

子游说："对君主劝谏太多，会招致羞辱；对朋友劝谏太多，就会被疏远。"

【注释】

①数（shuò）：屡次、多次。②斯：就。

4.26 紧接上章。在对别人进行劝谏时，要注意方式方法，把握好分寸（以合乎礼的精神），避免招人反感。

公冶长篇第五

学以至仁

引言：外物繁乱，不掩君子之德

5.1　子谓公冶长①，“可妻也。虽在缧绁②之中，非其罪也”。以其子③妻之。

【译文】

先生评论公冶长，“可以把女儿嫁给他。他虽然曾被关在牢狱之中，但不是他的错。”于是把自己的女儿嫁给了他。

【注释】

①公冶长：孔子弟子，姓公冶名长，字子长。②缧（léi）绁（xiè）：捆绑犯人的绳索，这里借指牢狱。③子：古时无论儿、女，均称子。

5.1　一个人是否具备优秀品德，不能以其外在境遇来判断。

5.2　子谓南容①，“邦有道，不废②；邦无道，免于刑戮。”以其兄之子妻之。

【译文】

先生评论南容，“国家有道，他不会被废置不用；国家无道，他也可免于刑戮。”于是把自己的侄女嫁给了他。

【注释】

①南容：孔子弟子，名韬（tāo），又名适（kuò），字子容。又称南宫适。②废：废置，不使用。

5.2　具备优秀品德的人，并非任何时候都能够充分施展自身才能。

5.3　子谓子贱①，“君子哉若人②！鲁无君子者，斯焉取斯③？”

5.3　现实社会中，拥有优秀品

【译文】

先生评论子贱，“这个人真是个君子！如果鲁国没有君子，他从哪里学到这些优秀品德的呢？”

【注释】

①子贱：孔子弟子，姓宓（fú）名不齐，字子贱，比孔子小 30 岁。②若人：这个人，此人。③斯焉取斯：第一个“斯”指子贱，第二个“斯”指子贱的品德。

德的人，绝非凤毛麟角。

1～3 章意，如果抛开外在境遇、事业成就等外在因素不论，仅看品德修养，就会发现，社会上品德优秀的人并不少。

一、仁德不同于普通才能

5.4 子贡问曰：“赐也何如？”子曰：“女，器也。”曰：“何器也？”曰：“瑚琏①也。”

【译文】

子贡问道：“我是个什么样的人？”先生说：“你好比一个器具。”子贡又问：“什么器具？”先生说：“宗庙里盛黍（shǔ）稷的瑚琏。”

【注释】

①瑚（hú）琏（liǎn）：古代祭祀时盛粮食的器具，竹制，以玉饰之，既贵重，又华美。子贡在经商方面才能出众，“亿则屡中”，因此孔子说他可比为瑚琏。

5.4 仁德，并非像“器”一样的具体才能。

5.5 或曰：“雍①也仁而不佞②。”子曰：“焉用佞？御③人以口给④，屡憎于人。不知其仁⑤，焉用佞？”

【译文】

有人说：“冉雍这个人有仁德，但没有口才。”先生说：“何必要有口才呢？靠伶牙俐齿与人辩驳，常常被人讨厌。我不知道冉雍算不算有仁德，但是何必要有口才呢？”

5.5 伶牙俐齿，不仅不是仁，而且有害于仁。（但与人沟通不需要口才吗？）

【注释】

①雍：孔子弟子，姓冉名雍，字仲弓，比孔子小 29 岁。②佞（nìng）：能言善辩，有口才。③御：应对。④口给（jǐ）：给，供给。口给，指应对敏捷，口中随时有话供给。⑤不知其仁：孔子说不知，不是真的不知，而是说冉雍还未达到“仁”。

5.6　子使漆雕开①仕。对曰：“吾斯之未能信②。”子说③。

5.6　紧接上章。与人沟通，不应逞口舌之利，而是要使人信服。

【译文】

先生让漆雕开去做官。漆雕开答道：“我还难以做到让百姓信服。”先生听了很高兴。

【注释】

①漆雕开：孔子弟子，姓漆雕名开，字子若，比孔子小 11 岁。②信：使人信服，意同“敬事而信”的“信”。③说（yuè）：同“悦”。

5.7　子曰：“道不行，乘桴①浮于海。从②我者，其由与？”子路闻之喜。子曰：“由也好勇过我，无所取材③。”

5.7　勇敢的品质，并非仁。

【译文】

先生说：“如果大道不被施行，我就乘木筏子在海上长游，能跟随我的大概只有仲由吧！”子路听到这话很高兴。先生说：“仲由啊，崇尚勇敢的精神大大超过了我，却未做必要的取舍（所以未达‘仁’的境界，难以体会我的失望与悲哀）。”

【注释】

①桴（fú）：木筏子。海上风波险恶，怎么可能乘桴长游。这样说只是表达失望之情。②从：跟随、随从。③无所取材：材，同“裁”，裁度。孔子意，子路好勇，但未做必要取舍，未达“仁”的境界，所以只知老师赞赏他的忠诚与勇敢（闻之喜），却无法体会老师面对大道不行的局面，发自内心的失望与悲哀。

5.8　孟武伯问："子路仁乎？"子曰："不知也。"又问。子曰："由也，千乘之国，可使治其赋①也，不知其仁也。"

"求也何如？"子曰："求也，千室之邑②，百乘之家③，可使为之宰④也，不知其仁也。"

"赤⑤也何如？"子曰："赤也，束带立于朝⑥，可使与宾客⑦言也，不知其仁也。"

【译文】

孟武伯问："子路算得上有仁德吗？"先生说："不知道。"孟武伯又问。先生说："仲由嘛，在拥有一千辆兵车的国家，可以让他管理军事。但我不知道他算不算有仁德。"

孟武伯问："冉求怎么样？"先生说："冉求嘛，千户人家的大邑，他可以当主官；百辆兵车的封地，他可以当总管。但我不知道他算不算有仁德。"

孟武伯又问："公西赤怎么样？"先生说："公西赤嘛，可以让他穿着礼服，站在朝廷上，接待贵宾。但我也不知道他算不算有仁德。"

【注释】

①赋：兵赋，借指军事管理事务。②邑：古代居民的聚居之处。千室之邑算是大邑。③百乘之家：家，诸侯分封给卿大夫由其管理并收取租税的采邑（领地）。百乘之家，是采邑中的较大者。④宰：地方主政之官，或卿大夫家的总管。⑤赤：孔子弟子，姓公西名赤，字子华，比孔子小42岁。⑥束带立于朝：指穿着礼服立于朝廷。⑦宾客：宾，贵客。客，一般客人。

5.8　军事才能、管理才能、待人接物的才能，都不是仁。

二、仁德是什么

5.9　子谓子贡曰："女与回也孰愈①？"对曰："赐也何敢望回？回也闻一以知十，赐也闻一以知二。"子曰："弗如也。吾与女弗如也。"

5.9　仁，是对"道"的融会贯通。（闻一以知

【译文】

先生对子贡说:“你和颜回相比,谁更强些?”子贡答道:“我怎么敢和颜回相比?颜回听到一件事就可以推知十件事。我呢,听到一件事,只能推知两件事。”先生说:“是不如他。我和你都不如他。”

【注释】

①愈:胜过、超过。

十,可谓融会贯通了。)

5.10 宰予昼寝。子曰:“朽木不可雕也,粪土①之墙不可杇②也。于予与③何诛④!”子曰:“始吾于人也,听其言而信其行。今吾于人也,听其言而观其行。于予与改是。”

【译文】

宰予在白天睡觉。先生说:“腐朽的木头无法雕刻,粪土垒的墙壁无法粉刷。对宰予,我还能责备他什么呢?”先生说:“起初我对别人,是听了他说的话便相信了他的行为。现在我对别人,是听了他说的话还要观察他的行为。我的态度是从宰予这儿改成这样的。”

【注释】

①粪土:腐土、脏土。②杇(wū):泥工抹墙用的工具叫杇,把墙抹平也叫杇。文中指粉刷墙壁。③于予与:于,对。予,宰予。与,语气助词。④诛(zhū):责备、批评。

5.10 仁,是对“道”的身体力行。(孔子对宰予的批评,着眼点不是“昼寝”之事,而是宰予对于自己说过的正确道理,却不知身体力行。)

5.11 子曰:“吾未见刚者。”或对曰:“申枨①。”子曰:“枨也欲,焉得刚?”

【译文】

先生说:“我没有见过刚毅的人。”有人答道:“申枨。”先生说:“申枨欲望太多,怎么能够做到刚毅呢?”

【注释】

①申枨(chéng):孔子弟子,姓申名枨,字周。

5.11 仁,是不被欲望所役使。(欲望太多,则无法做到刚毅。)

5.12 子贡曰：“我不欲人之加诸我也，吾亦欲无加诸人①。”子曰：“赐也，非尔所及也。”

【译文】

子贡说：“我不愿别人加之于我的，我也希望没有加之于别人。”先生说：“赐，这不是你能做到的。”

【注释】

①吾亦欲无加诸人：每个人都希望别人以仁爱、正义、智慧、勇敢等来影响自己，绝不希望以仇恨、邪恶、愚蠢、怯懦等来影响自己。子贡所言，即希望以仁德品质影响他人，没有任何不仁德的思想和行为。孔子认为，这一境界非子贡所能及。

5.12 仁，是己所不欲，无施于人。

三、如何培养仁德品质

5.13 子贡曰：“夫子之文章①，可得而闻也；夫子之言性②与天道③，不可得而闻也④。”

【译文】

子贡说：“老师讲授的文献知识，能够经常听得到；老师传授的关于人性和天道方面的道理，很少能够听得到。”

【注释】

①文章：古代文献知识等。②性：人性。③天道：自然和社会发展的规律。④不可得而闻也：对于此句，历来歧义较多。此处理解为孔子很少谈论关于人性和天道的道理，“子罕言利与命与仁”（《论语·子罕篇第九》）。孔子认为，关于人性和天道方面的道理，重点不在于传授，而在于亲身实践以及主动探求，只靠听老师讲解是难以学到的（后两章对此专门做出说明）。

5.13 仁德的品质，不是靠听别人讲授而培养起来的。（应该如何培养呢？）

5.14 子路有闻，未之能行，唯恐有①闻。

【译文】

子路听到一个道理后，如果没来得及践行，则唯恐又听到新的道理。

5.14 必须要亲自践行。

【注释】

①有：同“又”。

5.15 子贡问曰：“孔文子①何以谓之‘文’也？”子曰：“敏②而好学，不耻下问，是以谓之‘文’也。”

【译文】

子贡问道：“为什么孔文子谥号为‘文’呢？”先生说：“他勤勉而好学，不以向比他地位卑下的人请教为耻，所以给他谥号为‘文’。”

【注释】

①孔文子：卫国大夫孔圉（yǔ），“文”是谥号。谥法云，“勤学好问”曰文。“子”是尊称。②敏：敏捷、勤勉。

5.15 还要自己主动探求。要敏而好学，不耻下问。

四、仁德的具体要求

5.16 子谓子产①，“有君子之道四焉：其行己也恭，其事上也敬，其养民也惠，其使民也义。”

【译文】

先生评论子产说，“他在四个方面合于君子之道：他立身行事庄重谦逊，他事奉君主忠诚而恭敬，他养护百姓使之得实惠，他使用民力合宜而适度。”

【注释】

①子产：郑国大夫公孙侨，字子产，郑穆公的孙子，为春秋时郑国的贤相。

5.16 仁德之道体现于许多方面。在政务管理方面：要行己也恭、事上也敬、养民也惠、使民也义。

5.17 子曰：“晏平仲①善与人交，久而敬之②。”

【译文】

先生说：“晏平仲善于与人交往，相交越久，别人越尊敬他。”

【注释】

①晏平仲：齐国的贤大夫，姓晏名婴，“平”是谥号。《史记》

5.17 在与人交往方面：要善于与人交往，越久越受尊敬。

卷六十二有他的传记。②久而敬之："之"指晏平仲。朱熹引程子曰，"人交久则敬衰，久而能敬，所以为善。"

5.18 子曰："臧文仲①居蔡②，山节藻棁③，何如其知也？"

5.18 在个人方面：要有智慧，不受迷惑。

【译文】

先生说："臧文仲畜养大龟，把大龟居住的屋子的斗拱雕成山的形状，短柱上绘以水草花纹，（如此迷惑于鬼神），他的智慧体现在哪里呢？"

【注释】

①臧文仲：鲁国大夫臧孙辰，"文"是谥号。②居蔡：居，使……居住。蔡，大龟。蔡这个地方产龟，所以把大龟叫作蔡。古人迷信卜筮（shì），卜卦用龟，筮用蓍（shī）草。用龟，认为越大越灵。臧文仲畜养大龟，使它居住在讲究的地方，孔子认为这是迷惑于鬼神的体现，故为不智。③山节藻棁（zhuō）：节，柱上的斗拱。棁，房梁上的短柱。把斗拱雕成山形，在棁上绘以水草花纹，言其奢侈。

5.19 子张问曰："令尹子文①三仕为令尹，无喜色；三已②之，无愠色。旧令尹之政，必以告新令尹。何如？"子曰："忠矣。"曰："仁矣乎？"曰："未知。焉得仁？"

"崔子③弑④齐君⑤，陈文子⑥有马十乘，弃而违之。至于他邦，则曰：'犹吾大夫崔子也。'违之。之一邦，则又曰：'犹吾大夫崔子也。'违之。何如？"子曰："清矣。"曰："仁矣乎？"曰："未知。焉得仁？"

5.19 19～21章举例说明。本章意，忠和清，是难得的品质，但并不是仁德。（为什么呢？）

【译文】

子张问道："令尹子文三次做楚国令尹，没有高兴的表情；三次被免职，也没有怨恨的表情。他每次被免职，一定把自己处理的政事全部告诉给接任的人。这个人怎么样？"先生说："可算得上忠了。"子张问："算得上仁吗？"先生说："不知道。这怎么能算得上仁呢？"

子张又问："崔杼杀了他的君主齐庄公，陈文子家有四十匹马，都舍弃不要，离开了齐国。到另一个国家后，他说，'这里的执政者也和齐国的大夫崔子差不多。'就离开了。到另一个国家后，又说，'这里的执政者也和齐国的大夫崔子差不多。'又离开了。这个人怎么样？"先生说："可算得上清了。"子张问："算得上仁吗？"先生说："不知道。这怎么能算得上仁呢？"

【注释】

①令尹子文：令尹，楚国官名，相当于宰相。子文，人名，楚国著名宰相。②三已：三，指多次。已，罢免。③崔子：齐国大夫崔杼（zhù），曾杀死齐庄公。④弑（shì）：封建时代臣杀君、子杀父母，称为弑。⑤齐君：指齐庄公。⑥陈文子：齐国大夫，名须无。

5.20　季文子①三思而后行。子闻之，曰："再，斯可矣②。"

5.20　紧接上章。关键要看做事的动机。做事情不应该顾虑太多。

【译文】

季文子每做一件事都要考虑多次。先生听到了，说："考虑两次就行了。"

【注释】

①季文子：鲁国大夫季孙行父，"文"是谥号。②再，斯可矣：初思是否合乎大道，再思要瞻顾周详，至于三思，则开始计较个人利害，反而迷惑了。斯：就。

5.21　子曰："宁武子①，邦有道，则知；邦无道，则愚。其知可及也，其愚不可及也②。"

5.21　紧接上章。不计私利的担当精神，有人认为是愚蠢，但实际上却是仁德。联系第19章，判断令尹子文是否仁德，要看他是否行仁政；对于陈文子，则要

【译文】

先生说："宁武子这个人，国家政治清明时就显得聪明，国家政治混乱时就显得愚蠢。他的聪明别人可以赶得上，他的'愚蠢'别人就做不到了。"

【注释】

①宁武子：宁俞，卫国大夫，"武"是谥号。谥法云，"刚强理直"曰武。②其知可及也，其愚不可及也：按春秋传，武

子在卫文公、卫成公时任大夫。文公有道，武子没有什么事情被记录，因为许多人比他更有智慧，此其知可及也。成公无道，至于失国，而武子周旋其间，尽心竭力，不避艰险。他所做的事，都是智巧之士所深避而不肯为者，此其愚之不可及也。

看他面对不义行为是否挺身而出。

五、加强对品性的雕琢

5.22　子在陈①，曰："归与！归与！吾党之小子②狂简③，斐然④成章，不知所以裁⑤之。"

【译文】

先生在陈国，说："回去吧！回去吧！家乡的青年人志向远大，但才学粗疏，就像布匹，已织得文采斐然，却还不知该怎样剪裁。"

【注释】

①陈：古国名，都城在宛丘，即今河南淮阳县。周武王灭殷后，求得舜的后代叫妫（guī）满的封于陈。②吾党之小子：古代500家为党。吾党即我的故乡。小子，指后生末学。③狂简：狂，志向远大。简，疏略、不精。④斐（fěi）然：有文采的样子。⑤裁：裁剪。不知所以裁之，与本篇第7章"由也好勇过我，无所取材"意思相近。

5.22　青年人必须加强对品性的雕琢。

5.23　子曰："伯夷、叔齐①不念旧恶，怨是用希②。"

【译文】

先生说："伯夷、叔齐不记别人的旧错，因此别人对他们的怨恨也就很少。"

【注释】

①伯夷、叔齐：殷朝末年孤竹君的两个儿子。据说，二人不立于恶人之朝，不与恶人言。与乡人立，如其冠不正，二人会失望而避，像怕被玷污一样。但如果这人改正，他们也不念旧恶，所以大家也不怨恨他们。②希：同"稀"，少。

5.23　对别人已经改正的错误，不要抓住不放。

5.24　子曰：“孰谓微生高①直？或乞醯②焉，乞诸其邻而与之。”

【译文】

先生说：“谁说微生高这个人直爽？有人向他讨点醋，他不直说没有，却暗地向邻居讨了点给人家。”

【注释】

①微生高：姓微生名高，鲁国人。当时人认为他很直爽。②醯（xī）：醋。

5.24　做人要直爽。是就是，非就非，有就有，无就无。

5.25　子曰：“巧言、令色、足恭①，左丘明②耻之，丘亦耻之。匿怨而友其人，左丘明耻之，丘亦耻之。”

【译文】

先生说：“花言巧语，粉饰表情，过分恭敬，左丘明以此为耻，我也以此为耻。隐匿内心的怨恨，表面上却同他要好，左丘明以此为耻，我也以此为耻。”

【注释】

①足恭：过分恭敬。②左丘明：鲁国人，相传是《左传》一书的作者。

5.25　待人要真诚。喜欢就是喜欢，厌恶就是厌恶。

5.26　颜渊、季路侍①。子曰：“盍②各言尔志。”

子路曰：“愿车马衣轻裘与朋友共，敝之而无憾。”

颜渊曰：“愿无伐善③，无施劳④。”

子路曰：“愿闻子之志。”

子曰：“老者安之，朋友信之，少者怀之。”

【译文】

颜渊、子路侍陪在侧。先生说：“何不各自谈谈自己的愿望？”

子路说：“愿把自己的车马衣袍同朋友们共用，用坏了也不遗憾。”

颜渊说：“希望社会道德水平恢复到大家所期望的程度，希望施政者不增加百姓的辛劳。”

5.26　志向要宏远。子路之志是朋友之义，颜渊之志是治国安邦，孔子之志是百姓安居乐业，达到“仁”的至境。（颜渊与孔子两人愿望的区别：颜渊之志，是提高道德水平和政务管子路问道："希望听听您的愿望。"

先生说："使老年人安心祥和，使朋友们相互信任，使年少的孩子得到关怀。"

【注释】

①侍：在旁边陪着尊贵者叫侍。②盍(hé)：何不。③无伐善：伐，自夸。周朝前期礼仪完备、社会风气很好，到春秋时，则是礼崩乐坏，道德水平大幅下降。但社会上仍普遍认为，道德水平还停留在以前的水平，故称为伐善。颜渊意，如果重新恢复到周朝前期的道德水平，也就"无伐善"了。④无施劳：施，加大。劳，辛劳。为政以德，养民以惠，自然不增加百姓的辛劳。

理能力；孔子认为，道德教化与政务管理只是手段，真正的目的在于百姓安居乐业。）

结语：仁德至境，学为阶梯

5.27 子曰："已矣乎！吾未见能见①其过而内自讼者也。"

【译文】

先生说："算了吧！我没见过能够主动承认自己的过错，并发自内心自责的人。"

【注释】

①见（xiàn）：显露。

5.27 培养仁德的品质，要善于自我反省，勇于承认自己过错，并发自内心地自责。

5.28 子曰："十室之邑，必有忠信如丘者焉，不如丘之好学也。"

【译文】

先生说："即使只有十户人家的小村子，也一定有像我这样忠信的人，只是不如我好学罢了。"

5.28 社会上有不少忠信之人（与引言相呼应），其品德修养从朴素的忠和信，提高到"仁"的境界，还要靠加强学习。

雍也篇第六

从政以施仁

引言：为官行政，济众以仁

6.1　子曰："雍也可使南面①。"

【译文】

先生说："冉雍这个人，可以做一个部门或地方的长官。"

【注释】

①南面：坐北朝南，正面阳光，人显得精神而庄重，因此为尊位。无论天子、诸侯、卿大夫，当他作为长官出现时，都是南面而坐。

6.1　学有所成，应该从政为官。

6.2　仲弓问子桑伯子①。子曰："可也，简②。"

仲弓曰："居敬③而行简④，以临其民，不亦可乎？居简而行简，无乃⑤大⑥简乎？"

子曰："雍之言然。"

【译文】

仲弓问子桑伯子这个人怎么样。先生说："尚可。他办事简要而不烦琐。"

仲弓说："如果以严肃认真的态度和简洁明了的行事方法，来处理百姓政务，不是很好吗？如果态度轻慢草率，做事简单，只求减少麻烦，不是太简单、太不负责任了吗？"

先生说："冉雍说得对。"

【注释】

①子桑伯子：此人生平不可考。称为伯子，很可能是卿大夫。

6.2　处理政务，要态度严谨，措施简洁。不能态度草率，只求减少麻烦。

②简：简要，不烦琐。③居敬：态度严肃认真。④行简：指推行政事简而不繁。⑤无乃：岂不是。⑥大：同“太”。

6.3 哀公问：“弟子孰为好学？”孔子对曰：“有颜回者好学，不迁怒，不贰过①。不幸短命死矣②。今也则亡③，未闻好学者也。”

【译文】

鲁哀公问：“你的学生中谁是真正好学的呢？”孔子答道：“有一个叫颜回的学生是真正好学的，自己犯错，从不迁怒于别人，之后也不重犯同样的过错。但他不幸短命死了。现在没有了，没听说谁是真正好学的。”

【注释】

①不迁怒，不贰过：迁，转移。贰，再次，重复。过，过错。②短命死矣：颜回死时年仅41岁。③亡：同“无”。

6.3 处理政务，自己有错，不应迁怒于人；已经证明是错误的，不应再犯。

6.4 子华①使②于齐，冉子③为其母请粟④。子曰：“与之釜⑤。”

请益。曰：“与之庾⑥。”

冉子与之粟五秉⑦。

子曰：“赤之适齐也，乘肥马，衣⑧轻裘。吾闻之也：君子周⑨急不继⑩富。”

【译文】

子华出使齐国，冉求请求孔子给子华的母亲一些米。先生说：“给她一釜（约6斗4升）。”

冉求请求再增加一些。先生说：“再给她一庾（约2斗4升）。”

冉求给她五秉（约800斗）。

先生说：“公西赤（即子华）到齐国去，乘肥马，衣轻裘。我听说过，君子只接济急需之人，而不给富人锦上添花。”

【注释】

①子华：即公西赤。②使：出使。③冉子：孔子弟子冉

6.4 政策措施要周急不继富。（仅从本章看，可能会怀疑，孔子是不是太小气了呢？）

求。④粟：在古文中，粟与米连用时，粟指带壳的谷粒，去壳以后叫作米；粟字单用时，就是指米。⑤釜（fǔ）：古代量名，一釜约等于当时的 6 斗 4 升。⑥庾（yǔ）：古代量名，一庾约等于当时的 2 斗 4 升。⑦秉（bǐng）：古代量名，一秉约等于当时的 160 斗。⑧衣：动词，穿。⑨周：接济，补不足。⑩继：承继。

6.5　原思①为之宰②，与之粟九百③，辞。子曰："毋！以与尔邻里乡党④乎！"

【译文】

原思给孔子家当总管，先生给他俸米九百，原思推辞不要。先生说："不要推辞！如果有多余用不完的，给你的乡亲们吧。"

【注释】

①原思：孔子弟子，姓原名宪，字子思，鲁国人，比孔子小 36 岁，家贫。②宰：管家。③九百：没有说明单位是什么。④邻里乡党：相传古代以 5 家为邻，25 家为里，500 家为党，2500 家为州，12500 家为乡。此处指原思的邻里百姓。

6.5　做事标准应明确。从本章看，孔子并不齐啬。

一、具备必要的品行素质，就应积极从政

6.6　子谓仲弓，曰："犁牛之子①骍且角②，虽欲勿用③，山川④其舍诸⑤？"

【译文】

先生谈到仲弓，说："耕牛之子长着红色的毛和端正的角，虽想不用它做祭品，但山川之神难道会舍弃它吗？"

【注释】

①犁牛之子：耕牛的儿子。古代供祭祀的牺牲不用耕牛，而且也认为耕牛之子不配作牺牲。②骍（xing）且角：骍，赤色。

6.6　只要品行好、素质高，即使出身卑微，也一定会有机会施展治国抱负。

周人尚赤，祭牲用毛色为红色的牛。角，指其角长得端正。③用：用以祭祀。④山川：山川之神。⑤舍诸：舍，舍弃。诸，之乎两字的合音。孔子的意思是，耕牛之子如果够得上作牺牲的条件，山川之神一定会接受这种祭祀；对于像仲弓这样的人才，社会怎么会因其父亲地位低下而舍弃不用呢？

6.7　子曰："回也，其心三月①不违仁，其余则日月②至焉而已矣。"

【译文】

先生说："颜回呀，他的心可以在三个月内不违背仁德，其余的学生也就几天或一个月的时间吧。"

【注释】

①三月：指较长的时间。②日月：指较短的时间。

6.7　真正令人担心的，是仁德品质还不够扎实。

6.8　季康子问："仲由可使从政也与？"子曰："由也果①，于从政乎何有？"

曰："赐也可使从政也与？"曰："赐也达②，于从政乎何有？"

曰："求也可使从政也与？"曰："求也艺③，于从政乎何有？"

【译文】

季康子问："仲由这个人，可以让他管理政事吗？"先生说："仲由做事果断，管理政事有什么困难呢？"

季康子又问："端木赐这个人，可以让他管理政事吗？"先生说："端木赐通达事理，管理政事有什么困难呢？"

又问："冉求这个人，可以让他管理政事吗？"先生说："冉求很有才华，管理政事有什么困难呢？"

【注释】

①果：果断、决断。②达：通达事理。③艺：有才能。

6.8　即便如此，还是应该积极从政，施展才华，为社会做贡献。

6.9　季氏使闵子骞①为费②宰。闵子骞曰："善为我辞焉！如有复我③者，则吾必在汶上④矣。"

【译文】

季氏请闵子骞做费邑的长官。闵子骞对来人说："请你好好替我推辞吧！如果再来召我，那我就不得不到汶水那边的齐国去了。"

【注释】

①闵子骞：孔子弟子，姓闵名损，字子骞，鲁国人，比孔子小 15 岁，德行较好。②费：季氏的封邑，在今山东费县西北一带。③复我：再来召我。④在汶（wèn）上：汶，即今山东大汶河，当时流经齐、鲁两国之间。在汶上，指离开鲁国到齐国去。（据《孔子家语·执辔第二十五》，闵子骞曾为费宰，并问政于孔子。他对从政的态度可能发生了转变。）

6.9　闵子骞有德行，但对从政并不热衷。（孔子认可闵子骞的做法吗？）

6.10　伯牛①有疾。子问之，自牖②执其手，曰："亡之③，命矣夫！斯人也而有斯疾也！斯人也而有斯疾也！"

【译文】

伯牛患重病。先生前往探望，从窗户外面握着他的手，说："没救了，这是命呀！这个人竟会得这样的病！这个人竟会得这样的病！"

【注释】

①伯牛：孔子弟子，姓冉名耕，字伯牛，鲁国人，比孔子小 7 岁，德行较好。②牖（yǒu）：窗户。③亡之：没救了。亡，丧、死亡。

6.10　紧接上章。孔子的态度是，天命无常，要抓住机会施展抱负，不要错失良机呀！（可见，孔子并不认可闵子骞的做法。闵子骞态度转变很可能与此有关。）

二、从政后，不能放松仁德追求

6.11　子曰："贤哉，回也！一箪①食，一瓢饮，在陋巷，人不堪其忧，回也不改其乐。贤哉，回也！"

6.11　处于困境时，有的人能够

【译文】

先生说:“多么贤德呀,颜回!一箪饭,一瓢水,住在陋巷里,别人都不堪其忧,颜回却不改其乐。多么贤德呀,颜回!”

【注释】

①箪(dān):古代盛饭用的竹器。

做到以追求仁德为乐,丝毫不以外在环境为忧。(困境时如此,富贵后又应该怎样呢?)

6.12 冉求曰:“非不说①子之道,力不足也。”子曰:“力不足者,中道而废。今女画②。”

【译文】

冉求说:“不是不信服您讲的大道,而是我的力量不够呀。”先生说:“力量不够是到半路才停。现在你是划了界限不想往前走。”

【注释】

①说(yuè):同“悦”。②画:划定界限,停止前进。力不足者,欲进而不能。画地自限,则是能进而不欲。

6.12 紧接上章。从政后,不能为了官位而画地自限,不再追求仁德。

6.13 子谓子夏曰:“女为君子儒,无为小人儒①。”

【译文】

先生对子夏说:“你要做道德高尚志向远大的学者,不要做德行不彰目光短浅的学者。”

【注释】

①小人儒:钱穆注,“推孔子之所谓小人儒者,不出两义:一则溺情典籍,而心忘世道。一则专务章句训诂,而忽于义理。”

6.13 从政后,仍然要做一个道德高尚、志向远大的君子。

6.14 子游为武城①宰。子曰:“女得人焉尔乎?”曰:“有澹台灭明②者,行不由径③,非公事,未尝至于偃④之室也。”

【译文】

子游做武城宰。先生说:“你发现人才了吗?”子游答道:

6.14 做事要光明正大。

“有一个叫澹台灭明的人，做事光明正大，没有公事从不到我屋子里来。”

【注释】

①武城：鲁国的小城邑，在今山东费县西南。②澹（tán）台灭明：姓澹台名灭明，字子羽，武城人，后为孔子学生。③行不由径：走路只行大道，不走小路，意为做事光明正大。径，小路。④偃：言偃，即子游。

6.15 子曰：“孟之反①不伐②。奔③而殿④，将入门，策其马，曰：‘非敢后也，马不进也。’”

6.15 要谦逊不自夸。

【译文】

先生说：“孟之反不自夸。军队败退了，他走在最后掩护全军撤退。将进城门时，他鞭打着自己的马说，‘不是我敢于殿后，是马跑不快的缘故。’”

【注释】

①孟之反：名侧，鲁国大夫。②伐：自夸。③奔：军队败退。④殿：殿后，在全军最后做掩护。公元前 484 年，鲁国败于齐国，孟之反殿后。

6.16 子曰：“不有祝鮀①之佞②，而有宋朝③之美，难乎免于今之世矣。”

6.16 如果无德行，但其他方面却很出众，在当今之世恐怕难以避免灾祸了。

【译文】

先生说：“如果没有祝鮀的德行，却有宋朝的英俊容貌，在当今社会恐怕难以避免灾祸了。”

【注释】

①祝鮀（tuó）：字子鱼，卫国大夫，有德行。《论语·宪问篇第十四》中说，因为“仲叔圉治宾客，祝鮀治宗庙，王孙贾治军旅”，所以卫灵公虽无道却不至于丧。②佞：此字可能有误。《论语·公冶长篇第五》中说：“焉用佞？御人以口给，屡憎于人。”

可见孔子认为佞为取祸之道，绝非免祸之法。河北定州汉墓出土的最早竹简本《论语》中，此处为“仁”字。根据上下文意，将此字译为德行。③宋朝：宋国的公子朝，《左传》中记载有他因长相英俊而惹出乱子的事情。

三、政务管理中，要重视对百姓的教育

6.17　子曰：“谁能出不由户，何莫由斯道也？”

【译文】

先生说：“谁能不经屋门而走到屋外呢？为什么不走（我所指出的）这条道路呢？”

6.17　治国理政是有规律的，但现在的当政者却不按照这个规律办。

6.18　子曰：“质①胜文②则野③，文胜质则史④。文质彬彬⑤，然后君子。”

【译文】

先生说：“质朴胜于文采，就会显得粗俗；文采胜于质朴，就会流于浮夸。文采和质朴配合得当，才是个君子。”

【注释】

①质：本质，内容。②文：文采，指经过修饰的外在形式。③野：粗鄙。④史：浮华、虚夸。⑤彬彬：形容不同种类的物质参杂搭配得当。

6.18　这个规律就是要对百姓进行品德和文化素质两个方面的教育，使其由粗野和浮夸，变得文质彬彬。

6.19　子曰：“人之生也直，罔①之生也幸而免。”

【译文】

先生说：“人的一生应是正直的。那些不正直的人，其一生只能靠侥幸来避免灾祸。”

【注释】

①罔：诬罔不直的人。

6.19　紧接上章，要教育引导百姓沿着正道直行。（具体怎样教育引导呢？）

6.20 子曰："知之者不如好之者，好之者不如乐之者。"

【译文】

先生说："懂得它的人，不如爱好它的人；爱好它的人，又不如以它为乐的人。"

6.20 从教育方法看，使百姓知道，不如使其爱好，使其爱好不如使其以之（文质彬彬、直）为乐。

6.21 子曰："中人以上，可以语上也；中人以下，不可以语上也。"

【译文】

先生说："对于中等以上才智的人，可以给他讲授高深的道理；对于中等才智以下的人，不可以给他讲授高深的道理。"

6.21 从教育内容看，针对不同禀赋的人，传授的内容应有所区别。

四、对中人以上，传授仁智治国之道

6.22 樊迟问知①。子曰："务②民之义，敬鬼神而远之，可谓知矣。"

问仁。曰："仁者先难而后获，可谓仁矣。"

【译文】

樊迟问怎样做才算是智。先生说："致力于做好老百姓最需要的事情，尊敬鬼神但远离它们，就算是智了。"

樊迟又问怎样做才算是仁。先生说："仁德之人对困难的事情抢在前面做，在获得奖励时则退到人后，就可以算是仁了。"

【注释】

①知（zhì）：同"智"。②务：从事、致力于。

6.22 从治国角度讲，致力于做好百姓最需要的事情，是智慧的体现；对困难的事情抢在前面做，在获得奖励时则退到人后，是仁德的体现。

6.23 子曰："知者乐水，仁者乐山①。知者动，仁者静。知者乐，仁者寿。"

【译文】

先生说："有智慧的人爱水，仁德者爱山。有智慧的人爱动，

6.23 仁是基础，似山，故静，故寿；智是手段，似水，故动，故乐。

仁德者爱静。有智慧的人快乐，仁德者长寿。”

【注释】

①知者乐水，仁者乐山：何晏注曰，“知者乐运其才知以治世，如水流而不知已”，“仁者乐如山之安固，自然不动而万物生焉”。朱熹注曰，“知者达于事理而周流无滞，有似于水，故乐水；仁者安于义理而厚重不迁，有似于山，故乐山。”

6.24　子曰：“齐一变，至于鲁①；鲁一变，至于道。”

【译文】

先生说：“齐国一变革，可以达到鲁国的样子；鲁国一变革，就合于大道了。”

【注释】

①齐一变，至于鲁：齐国自桓公始，为政从简、崇尚功利。相比之下，鲁国重礼教，崇信义，犹有先王遗风，只是礼义之道废毁不全。所以说，“齐一变，至于鲁；鲁一变，至于道”。

6.24　以仁为基础，以智为手段，经过不长时间的变革，齐可至于鲁、鲁可至于道。（理想很美好，但现实是什么样的呢？）

6.25　子曰：“觚①不觚，觚哉！觚哉！”

【译文】

先生说：“觚不像个觚，这怎么算是觚呀！这怎么算是觚呀！”

【注释】

①觚（gū）：古代行酒的礼器，每器容当时的容量二升，上圆下方，下有四条棱角。后来觚改为圆形没有棱角了，所以孔子认为觚不像觚。

6.25　紧接上章。现实却是朝着相反的方向改变，连觚都不是原来的觚了！（为什么会这样呢？）

6.26　宰我问曰：“仁者，虽告之曰：‘井有仁焉。’其从之也？”子曰：“何为其然也？君子可逝①也，不可陷②也；可欺也，不可罔也。”

【译文】

宰我问道：“对一仁者，别人告诉他：‘井中有仁。’他会

6.26　紧接上章。仁者，必须有智慧，才能够识破圈套，不受愚弄。

25 ～ 26 章

跳到井里去吗？”先生说：“怎么可能会这样做呢？君子会到井边去看一下，但不会陷入圈套；君子会被欺骗，但自己不会迷惑。”

【注释】

①逝：往。文中指到井边。②陷：陷入圈套。

意，居上位者没有真正掌握仁智治国之道，所以带领国家在错误的道路上越走越远，以至于连觚都不是原来的觚了。（因此，必须对中人以上传授仁智治国之道。）

五、对中人以下，传授文化礼仪知识

6.27 子曰：“君子博学于文，约①之以礼，亦可以弗畔②矣夫！”

【译文】

先生说：“君子广泛地学习文化典籍，再用礼来约束自己，也就可以不背离君子之道了。”

【注释】

①约：约束。②畔：同“叛”。

6.27 中人以下，学习了文化礼仪，就不会背离君子之道了。

6.28 子见南子①，子路不说②。夫子矢③之曰：“予所否④者，天厌之！天厌之！”

【译文】

先生见南子，子路很不高兴。孔子发誓说：“如果我不对的话，让上天厌弃我吧！让上天厌弃我吧！”

【注释】

①南子：卫灵公的夫人，当时实际上左右着卫国政权，有淫乱的行为。孔子到卫国后，南子请见，孔子辞谢不成，不得已而见之。②说（yuè）：同“悦”。子路以夫子见淫乱之人为耻，

6.28 现实中，一些人对完全符合礼仪的做法却提出质疑。（为什么呢？）

故不悦。③矢：同“誓”，发誓。④否：不对，指不合于礼、不合于道。

6.29 子曰：“中庸①之为德也，其至矣乎！民鲜久矣。”

【译文】

先生说：“把适中而平常的行为方式作为一种道德要求，该是最可贵的道德要求了吧！长期以来，很少有人清楚这种道德要求了。”

【注释】

①中庸：中，正中，无过无不及。庸，平常。钱穆注曰，“中庸之人，平人常人也。中庸之道，为中庸之人所易行。中庸之德，为中庸之人所易具。故中庸之德，乃民德。其所以为至者，言其至广至大，至平至易，至可宝贵，而非至高难能”。

6.29 紧接上章。原因在于，百姓已经很久都不知道什么是适中而平常的行为准则了。（所以应该给“中人以下”的广大百姓传授文化礼仪之道。）

结语：推己及人，仁之方也

6.30 子贡曰：“如有博施于民而能济众①，何如？可谓仁乎？”子曰：“何事于仁，必也圣乎！尧舜②其犹病诸③！夫仁者，己欲立而立人，己欲达而达人。能近取譬④，可谓仁之方也已。”

【译文】

子贡说：“若能广泛地施予百姓并使所有人都得到好处，怎么样？可说是仁了吗？”先生说：“岂止是仁，简直是圣了！就连尧、舜尚且担心难以做到。至于仁，就是自己想在社会上立足，也帮助别人立足；自己想有所建树，也帮助别人有所建树。凡事能以自己打比方，推己及人，可以说就是施行仁德的方法了。”

【注释】

①博施于民而能济众：广泛地施予百姓并使所有人都得到好处。这是理想化的施政状态。现实中，受财力限制，只能

6.30 为官行政，不要好高骛远。从“己欲立而立人，己欲达而达人”做起，推己及人，就是施行仁德的方法了。

对鳏寡孤独、身体残疾的弱势群体等适当施予，不可能“博施”于所有人。施予范围也只能限于所管理的百姓，对其他地区百姓则难以顾及，难以做到“济众”。所以孔子说，能做到这一点的，“必也圣乎！”②尧舜：传说中上古时代的两位帝王，也是孔子心目中的榜样，儒家推崇的“圣人”。③病诸：病，担忧。诸，“之乎”的合音。④能近取譬（pì）：能够就自身打比方，即推己及人。

述而篇第七

传承大道

引言：信而好古

7.1 子曰："述而不作①，信而好古，窃②比于我老彭③。"

【译文】

先生说："只传述旧章，不创作新作，相信而且喜好古代文化，我私下把自己比为老彭。"

【注释】

①述而不作：述，传述旧闻。作，创造，创始。朱熹注曰，"孔子删诗、书，定礼、乐，赞周易，修春秋，皆传先王之旧，而未尝有所作也，故其自言如此。""其事虽述，而功则倍于作矣，此又不可不知也。"实际上，孔子是把古时最优秀的思想融会贯通，形成独到的"仁"的思想，并据此对历史古籍进行再创作。述而不作，是自谦的说法。②窃：私自，私下。③老彭：殷商时代贤大夫，好述古事。

7.1 孔子以古为师，学习实践其中的思想精华。（孔子"信而好古"体现在哪些方面呢？）

7.2 子曰："默而识①之，学而不厌，诲②人不倦，何有于我哉③？"

【译文】

先生说："把古代文献知识默默地记在心里，学习而不厌烦，教导人而不知疲倦，这些事情对我来说有什么困难呢？"

【注释】

①识（zhì）：同"志"，记住。②诲：教诲。③何有于我哉："何有"在古代是一常用语，有时意为"有何难"，以示不难做

7.2 一方面，体现在学和教上。学而不厌，诲人不倦。孔子认为自己在这些方面做起来没有困难。（他觉得在哪些方面存在困难呢？）

到;有时意为"有什么",以示不敢肯定能够做到。文中意为"这些事情对我来说有什么困难呢",与下文"抑为之不厌,诲人不倦,则可谓云尔已矣"态度相同。这种自信与下章"是吾忧也"形成鲜明对比,体现了孔子对古代思想精华既注重学和教,更注重身体力行。

7.3 子曰:"德之不修,学之不讲,闻义不能徙①,不善不能改,是吾忧也。"

【译文】

先生说:"对自身品德不能及时修正提高,掌握了道理却不告诉别人,听到符合道义的事却不去做,自己有不足却不能改进完善,是我所忧虑的啊。"

【注释】

①徙(xǐ):迁移。

7.3 另一方面,体现在身体力行上。全身心投入到修德、讲学、徙义、改不善之中,心中常常忧虑做得不够好。

一、学习传授古代文化,践行传统道德要求

(一)学习传授古代文化

7.4 子之燕居①,申申②如也,夭夭③如也。

【译文】

先生闲居在家时,神情舒展,仪态温和自在。

【注释】

①燕居:家居、闲居。②申申:树干舒展向上的样子。③夭夭:嫩枝轻盈妙婉的样子。

7.4 闲居时,孔子心态积极而从容。

7.5 子曰:"甚矣吾衰也!久矣吾不复梦见周公①。"

【译文】

先生说:"我衰老得真厉害!我好久没有梦见周公了。"

7.5 做梦都想着接受指导,学习古代优秀文化。

【注释】

①周公：姓姬名旦，周文王的儿子，武王的弟弟，成王的叔父，鲁国国君的始祖。传说是西周典章制度的制定者。他是孔子最崇敬的古代圣人之一。

7.6　子曰：“志于道，据于德，依于仁，游于艺①。”

【译文】

先生说：“立志于施行大道，以德为品性基石，以仁为思想依托，游憩于礼、乐、射、御、书、数六艺之中。”

【注释】

①艺：指礼、乐、射、御、书、数等六艺。《礼记 · 学记》中说：“不兴其艺，不能乐学。故君子之于学也，藏焉，修焉，息焉，游焉。夫然，故安其学而亲其师，乐其友而信其道，是以虽离师辅而不反也。”

7.6　学习的内容包括立志、道德、思想、言行技艺等各个方面。

7.7　子曰：“自行束脩①以上，吾未尝无诲焉。”

【译文】

先生说：“只要是主动带着薄礼来请教，我从来没有不给他教诲的。”

【注释】

①束脩（xiū）：脩，干肉。束脩就是十条干肉。古时比较正式的拜访必须带着礼物。束脩，是极为菲薄的礼物。

7.7　对于想上进的人，都愿教诲。

7.8　子曰：“不愤①不启，不悱②不发。举一隅③不以三隅反，则不复也。”

【译文】

先生说：“不到苦思冥想而不得其解的时候，不去开导他；不到想说却说不出来的时候，不去启发他。（对于方形物体）举一角落为例讲解，却不能推知其他三个角落的情况，那就不再教了。”

7.8　注意教育方法，鼓励求学者主动思考。

【注释】

①愤：苦思冥想而不得其解的样子。②悱（fěi）：想说又说不出来的样子。③隅（yú）：角落。方形物体有四隅，举其一，可知其三。

（二）践行传统道德要求

7.9 子食于有丧者之侧，未尝饱也。

【译文】

先生在有丧事的人旁边吃饭，不曾吃饱过。

7.9 常怀恻隐之心。

7.10 子于是日哭，则不歌。

【译文】

先生在这一天哭泣过，就不再唱歌。

7.10 感情真挚。

7.11 子谓颜渊曰："用之则行，舍之则藏，惟我与尔有是夫！"

子路曰："子行三军①，则谁与②？"

子曰："暴虎③冯河④，死而无悔者，吾不与也。必也临事而惧，好谋而成者也。"

【译文】

先生对颜渊说："用我，则行道于世；不用我，就藏道于身，只有我和你能做到这一点吧！"

子路说："老师您如果统帅三军，那么您和谁一起共事呢？"

先生说："徒手与老虎搏斗，徒步涉水过河，死了都不后悔的人，我不与他共事。我愿意一起共事的，一定是遇事小心谨慎，善于谋划而能成功的人。"

【注释】

①三军：古时12500人为一军，大国有三军。②与：动词，偕同。③暴虎：徒手与老虎搏斗。④冯（píng）河：无船而徒步涉水过河。

7.11 心胸豁达，坦然面对人生际遇。处理事情，做到临事而惧、好谋而成。

7.12 子曰：“富而可求也，虽执鞭之士①，吾亦为之。如不可求，从吾所好。”

【译文】

先生说：“如果可以求得财富，即使是给人执鞭开路的下等差事，我也愿意去做。如果求不得财富，那么还是做我喜欢做的事。”

【注释】

①执鞭之士：古代天子、诸侯和官员出入时，手执皮鞭为其开路的人，意指地位低下的职事。

7.12 对财富，可求则求之，不可求则做自己喜欢做的事。

7.13 子之所慎：齐①，战，疾②。

【译文】

先生慎重对待的事：斋戒，战争，疾病。

【注释】

①齐：同“斋”，斋戒。古人在祭祀前要沐浴更衣，不吃荤，不饮酒，整洁身心，以示虔诚，叫作斋戒。②战，疾：前文说到如有战事，孔子必与“临事而惧，好谋而成”的人合作，因为它关系国家存亡安危；后文中谈到，孔子生病，不敢随便吃药，因为它关系人的生死。这些都是不能不谨慎对待的事情。

7.13 慎重对待鬼神、战争、疾病等事关重大又不可预知的事情。

二、逐步领悟“仁”的精髓

7.14 子在齐闻《韶》①，三月不知肉味。曰：“不图为乐之至于斯也。”

【译文】

先生在齐国听到了《韶》，三个月都尝不出肉味。他说：“想不到乐曲竟然能美到这种程度。”

【注释】

①《韶》：舜时乐曲名。孔子认为，仁德品质“兴于诗，

7.14 《韶》乐如此之美，让人三月不知肉味。（孔子从中领悟到了什么，以至于有如此强烈的感受呢？）

立于礼，成于乐”。乐是仁德之美的最高表现形式。《韶》尽美尽善，体现了仁的思想精髓，故孔子心向往之。

7.15 冉有曰：“夫子为①卫君②乎？”子贡曰：“诺，吾将问之。”

入，曰：“伯夷、叔齐③何人也？”曰：“古之贤人也。”曰：“怨④乎？”曰：“求仁而得仁，又何怨？”

出，曰：“夫子不为也。”

【译文】

冉有说：“老师赞同卫君的做法吗？”子贡说：“嗯，我去问他。”

于是进屋，问道：“伯夷、叔齐是什么样的人呢？”先生说：“古代的贤人。”子贡又问：“他们后悔吗？”先生说：“他们求仁而得仁，有什么后悔的呢？”

子贡出来，对冉有说：“老师不赞同卫君的做法。”

【注释】

①为：帮助，引申为赞同。②卫君：卫出公蒯辄，卫灵公之孙。其父蒯聩因谋杀南子被卫灵公驱逐出境。卫灵公死后，蒯辄继位。蒯聩要回国继承君位，遭到蒯辄拒绝，于是出现父子争位的现象。③伯夷、叔齐：孤竹君的两个儿子。孤竹君将死，遗命立叔齐为君。孤竹君卒，叔齐让位于伯夷。伯夷说：“这是父亲的安排。”遂逃去。叔齐亦不立而逃之，国人立孤竹君的中子为君。其后武王伐纣，伯夷、叔齐拦其马而谏。武王灭商，伯夷、叔齐耻于食周朝的粟米，隐居于首阳山，遂饿而死。④怨：怨恨自己，引申为后悔。

7.15 仁德至境，值得人终生追求。求仁而得仁，即使有所放弃，又有何怨。

本章亦对上章做出说明，孔子从《韶》乐中领悟到了仁德内涵，所以才会“三月不知肉味”。（另，子贡为什么据此得出“夫子不为”的结论呢？）

7.16 子曰：“饭疏食①饮水，曲肱②而枕之，乐亦在其中矣。不义而富且贵，于我如浮云。”

【译文】

先生说：“吃粗劣的食物，喝白水，弯着胳膊当枕头，快

7.16 追求仁德，让人乐在其中。不义而富且贵，于我如浮云。

乐就在其中了。通过不义之举获得的富和贵，对我来说就像是天上的浮云一样。”

【注释】

①饭疏食:饭,动词,吃。疏食,粗劣的食物。②曲肱(gōng):弯着胳膊。肱，胳膊，由肩至肘的部位。

（对照上章，伯夷、叔齐推让君主之位，品德值得敬佩，那么卫出公蒯辄是怎样对待不应该得到的君主位置呢？）

7.17 子曰：“加我数年，五十①以学《易》②，可以无大过矣。”

【译文】

先生说：“再借给我几年时间，让我从五十岁就开始学习《易》，便可以没有大的过错了。”

【注释】

①五十：从语义看，此话应是孔子深入学《易》以后的追悔之言，意为如果让我再年轻几岁，从五十岁时就开始学《易》，这些年就不会犯大错了。②《易》：指《周易》，是一部中国古哲学书籍。周有周密、周遍、周流等意。易的主要意思是变化。该书以高度抽象的六十四卦的形式分析预测可能发生的各种各样的变化。孔子赞《易》，可能是推崇其中体现的在万物变化中蕴含的仁德之道。

7.17 深刻理解仁的精神，并以之指导人生之路，一个人就不会犯大的过错了。（卫出公蒯辄如学仁德之道，可能也就无此大过了吧。）

7.18 子所雅言①，《诗》《书》、执礼，皆雅言也。

【译文】

先生有时讲雅言。诵读《诗》《书》，主持礼节仪式时，用的都是雅言。

【注释】

①雅言:周王朝确定的官方通用语言,当时被称作“雅言”。据说，西周的王畿（jī）之地在今陕西地区，故以陕西语音为标准音；东周时期的王畿之地在今河南地区，故以河南语音

7.18 伟大的周王朝，将仁德之道施于四方，并体现于《诗》《书》、礼仪之中。这样的美好社会，令人无限向往。

为标准音。孔子平时谈话用鲁国方言，但在诵读《诗》《书》，主持礼节仪式时，则用周王朝确定的雅言，体现了对周王朝的敬意。

7.19 叶公①问孔子于子路，子路不对。子曰："女奚不曰，其为人也，发愤忘食，乐以忘忧，不知老之将至云尔②。"

【译文】

叶公向子路询问孔子是个什么样的人，子路没有回答。先生说："你为什么不说，他这个人，发愤用功，连吃饭都忘了，心中快乐，把一切忧虑都忘了，连自己快要老了都不知道，如此而已。"

【注释】

①叶公：姓沈名诸梁，楚国叶县尹（今河南叶县南），为当时的贤者。②云尔：如此而已。朱熹注曰，"未得，则发愤而忘食；已得，则乐之而忘忧。"

7.19 孔子追求仁德，发愤忘食，乐以忘忧，不知老之将至。

三、对于仁德之道，学而不厌，诲人不倦（详述第2章）

（一）对仁德之道，学而不厌

7.20 子曰："我非生而知之者，好古，敏以求之者也。"

【译文】

先生说："我不是生来就懂得仁德之道的，而是爱好古代文化，通过勤奋学习逐步掌握的。"

7.20 孔子是通过学习古代文化知识逐步掌握仁德之道的。（孔子对古代的所有知识都学吗？）

7.21 子不语怪，力，乱，神①。

【译文】

先生不谈论怪异，暴力，悖乱，鬼神。

7.21 紧接上章。孔子的学习内容是有选择

【注释】

①怪，力，乱，神：朱熹引谢氏曰，孔子“语常而不语怪，语德而不语力，语治而不语乱，语人而不语神”。

的，不学习怪、力、乱、神之类的东西。

7.22 子曰：“三人行①，必有我师焉：择其善者而从之，其不善者而改之。”

【译文】

先生说：“三人同行，必有值得我学习借鉴的人。选择他们的优点而学习，看到不善之处则作为借鉴，改正自己的缺点。”

【注释】

①三人：一人是己，二人为伴，只有三人同行，才能对其他两人的行为做出比较，以区分善与不善。朱熹引尹氏曰：“见贤思齐，见不贤而内自省，则善恶皆我之师，进善其有穷乎？”

7.22 除以古为师外，还以身边人为师，随时随地学习他人优点，改正自身不足。

7.23 子曰：“天生德于予，桓魋①其如予何？”

【译文】

先生说：“上天使我掌握了仁德之道，（并让我传承下去，）桓魋能把我怎么样？”

【注释】

①桓魋（tuí）：又称向魋，任宋国主管军事行政的官——司马，是宋桓公的后代。据《史记》记载，孔子离开卫国去曹国路过宋国时，桓魋欲杀孔子，孔子逃避时说了这句话。

7.23 孔子将掌握和传承仁德之道，作为上天赋予自己的使命（因此能够做到学而不厌）。

（二）对仁德之道，诲人不倦

7.24 子曰：“二三子①以我为隐②乎？吾无隐乎尔。吾无行而不与二三子者③，是丘也。”

【译文】

先生说：“弟子们，你们以为我对你们有什么隐瞒吗？我没有丝毫隐瞒。我没有哪件事不是和你们一起做的，这就是孔丘。”

7.24 孔子传授仁德之道，有身教，有言传。如果只靠听来学，难免会觉得有所隐瞒。

【注释】

①二三子：指孔子的学生们。②以我为隐：子贡曾说，“夫子之文章，可得而闻也；夫子之言性与天道，不可得而闻也。”（《论语·公冶长篇第五》）所以弟子们可能觉得孔子有所隐瞒。③吾无行而不与二三子者：孔子认为，自己的行为、举止、言语、静默，对弟子皆是教诲。弟子们既要学习他言语传授的知识，也要观察和体会其行动中体现出的对仁德品质的践行与追求。

7.25 子以四教：文，行，忠，信。

【译文】

先生从四个方面教导学生：典籍文献、行为实践、待人忠诚、为人信实。

7.25 孔子教学内容中，文化知识、行为举止和思想道德并重。（本章亦说明，孔子教学内容全面，对弟子毫无隐瞒。）

7.26 子曰：“圣人，吾不得而见之矣！得见君子者，斯①可矣。”

子曰：“善人，吾不得而见之矣！得见有恒②者，斯可矣。亡而为有③，虚而为盈④，约而为泰⑤，难乎有恒矣。”

【译文】

先生说：“圣人，我是见不到了，能见到君子，就可以了。”

先生说：“善人，我是见不到了，能见到有恒心的人，也就可以了。明明没有道德却以为很高尚，明明没有智慧却以为很聪明，明明行为粗鲁却以为很美好，难有恒心去学习实践呀。”

【注释】

①斯：就。②恒：指恒心。③亡而为有：指的是道德，意为把没有道德当作有道德。④虚而为盈：指的是智慧，意为把没有智慧当作有智慧。⑤约而为泰：指的是礼仪，意为把行为粗鲁当作美好。

7.26 孔子教导弟子，学习践行仁德之道要持之以恒，不要把没有道德当作高尚，把没有智慧当作聪明，把行为粗鲁当作美好。

四、践行仁德之道，心中忧虑未达至善（详述第3章）

7.27　子钓而不纲①，弋不射宿②。

【译文】

先生只用有一个鱼钩的钓竿钓鱼，而不用有许多鱼钩的大绳钓鱼。用箭射鸟时，不射归巢歇宿的鸟。

【注释】

①纲：网上的大绳。这里作动词用，指在水面上拉一根大绳，在大绳上系许多鱼钩来钓鱼。②弋（yì）不射宿：弋，古人以生丝系矢而射为弋。宿，指归巢歇宿的鸟儿。非为生计，不多杀生；不射宿鸟，怜其幼雏。这些做法看起来好像无实质意义，却体现了对德孜孜以求的心态。

7.27　忧德之不修：对自己的一举一动，都用德来衡量和规范。

7.28　子曰："盖有不知而作之者。我无是也。多闻，择其善者而从之，多见而识之：知之次也。"

【译文】

先生说："可能有什么都不知道但能凭空创造的人。我不是这样的。多听，选择其中好的来学习；多看，然后记在心里：相比之下，这是次一等的智慧。"

7.28　忧学之不讲（1）：以自己为例鼓励学而知之。

7.29　互乡①难与言，童子见，门人惑。子曰："与②其进也，不与其退③也。唯何甚？人洁己以进，与其洁也，不保其往④也。"

【译文】

互乡人难以理喻，但一童子却受到先生的接见，学生们感到迷惑不解。先生说："要肯定别人的进步，不要肯定别人的退步。何必太过分呢？别人洗净污点以求进步，应该肯定他的洁净，不要死抓住他的过去不放。"

7.29　忧学之不讲（2）：肯定别人的进步，不念其过往。

【注释】

①互乡：地名，具体所在已无可考。②与：赞许、肯定。③进、退：进步、退步。④不保其往：保，死抓住不放。往，过去。

7.30 子曰："仁远乎哉？我欲仁，斯仁至矣。"

【译文】

先生说："仁德离我们很远吗？我想要仁，仁就到了。"

7.30 忧闻义不能徙：心中有仁，斯仁至矣。如果仁未至，只能说心中无仁。

7.31 陈司败①问："昭公②知礼乎？"孔子曰："知礼。"

孔子退。揖③巫马期④而进之，曰："吾闻君子不党⑤，君子亦党乎？君取⑥于吴，为同姓⑦，谓之吴孟子⑧。君而知礼，孰不知礼？"

巫马期以告。子曰："丘也幸，苟有过，人必知⑨之。"

【译文】

陈司败问："鲁昭公知礼吗？"孔子说："知礼。"

孔子出来后，陈司败向巫马期作揖，请他走近自己，说："我听说君子不偏袒人，难道君子也偏袒人吗？鲁君娶吴国女子，是同姓之女，却称为吴孟子。如果鲁君知礼，还有谁不知礼呢？"

巫马期告诉了先生。先生说："我真幸运。如果有错，人家一定会让我知道。"

【注释】

①陈司败：陈国主管司法的官，姓名不详。②昭公：鲁国君主，名裯（chóu），"昭"是谥号。③揖：作揖，行拱手礼。④巫马期：孔子弟子，姓巫马名施，字子期，亦称巫马期，比孔子小 30 岁。⑤党：偏袒、包庇。⑥取：同"娶"。⑦为同姓：鲁国和吴国的国君都姓姬。周礼规定同姓不婚。昭公娶同姓女，

7.31 忧不善不能改（1）：过错能被别人指出来，是一种幸运。

是违礼的行为。⑧吴孟子：鲁昭公夫人。春秋时代，国君夫人的称号，一般是她出生的国名加上她的姓，她姓姬，应称吴姬。但为掩盖真相，称为“吴孟子”。“孟子”可能是这位夫人的字。⑨知：使知道。

7.32　子与人歌而善，必使反之，而后和之。

【译文】

先生与别人一起唱歌，如果别人唱得好，一定请他再唱一遍，然后为他唱和音。

7.32　忧不善不能改（2）：见善则学，甘愿做陪衬。

7.33　子曰：“文，莫①吾犹人②也。躬行君子，则吾未之有得。”

【译文】

先生说：“书本知识，大概我和别人差不多。但做一名身体力行的君子，我还没有做到。”

【注释】

①莫：大概、差不多，表示揣测。②犹人：可赶得上但超不过别人。

7.33　忧不善不能改（3）：要谦虚，多关注品德方面的不足。

7.34　子曰：“若圣与仁，则吾岂敢？抑①为之不厌，诲人不倦，则可谓云尔②已矣。”公西华曰：“正唯弟子不能学也。”

【译文】

先生说：“若说圣与仁，我怎么敢当！只不过向仁的方向努力而不感厌烦，教诲别人不觉疲倦，也就这样吧。”公西华说：“这正是我们学不到的。”

【注释】

①抑：表转折的语气词，“只不过是”的意思。②云尔：这样说。

7.34　忧不善不能改（4）：修德、育人，只有不厌、不倦，才能不断改进和提高。

7.35 子疾病①，子路请祷②。子曰："有诸？"子路对曰："有之。《诔》③曰：'祷尔于上下神祇④。'"子曰："丘之祷久矣⑤。"

【译文】

先生患重病，子路代为祈祷。先生说："有这回事吗？"子路说："有的。《诔》文上说：'代你向天地神灵祈祷。'"先生说："我已经祈祷很久了。"

【注释】

①疾病：古代"疾"指程度较轻的小病，"病"指病情加重或重病，两字连用指重病。以后，两字义不再区别。②请祷：代为向鬼神祷告。祷，即通过悔过迁善，祈求鬼神护佑。③《诔(lěi)》：祈祷文。④神祇(qí)：古代称天神为神，地神为祇。⑤丘之祷久矣：意为孔子平常就注意改过和修德，而不是直到生病时，才想通过改过迁善以祈求鬼神的护佑。

7.35 忧不善不能改(5)：改过和修德，要行于日常。(不能直到生病时，才想通过改过迁善祈求鬼神护佑。)

7.36 子曰："奢则不孙①，俭则固②。与其不孙也，宁固。"

【译文】

先生说："奢华就容易显得傲慢，节俭就容易显得鄙陋。与其显得傲慢不逊，宁可显得鄙陋。"

【注释】

①孙：同"逊"。②固：鄙陋。

7.36 忧不善不能改(6)：与其奢华而不逊，不如节俭而鄙陋。

7.37 子曰："君子坦荡荡①，小人长戚戚②。"

【译文】

先生说："君子心胸宽广坦荡，小人经常局促忧惧。"

【注释】

①荡荡：宽广、开阔的样子。②戚戚：局促、忧惧的样子。朱熹引程子曰："君子循理，故常舒泰；小人役于物，故多忧戚。"

7.37 忧不善不能改(7)：心胸应宽广坦荡，不应局促忧惧。

结语：内心仁德，自然形之于外

7.38　子温而厉，威而不猛，恭而安。

【译文】

先生温和而又严厉，威严而不凶猛，恭敬而又安详。

7.38　先生的仁德，通过身形气貌体现于外，使人望之油然而生敬意。

泰伯篇第八

礼以成德

引言：礼以显德，礼以美德

8.1　子曰："泰伯①，其可谓至德也已矣。三②以天下让，民无得而称焉③。"

【译文】

先生说："泰伯，可以说是品德最高尚的人了。他屡次三番让出王位，但老百姓却找不出他'让'的实迹来称赞他。"

【注释】

①泰伯：周代始祖古公亶（dǎn）父的长子。传说古公亶父认为三子季历的儿子姬昌有圣德，因此想打破惯例，把君位不传给长子泰伯，而传给幼子季历，泰伯知道后便与二弟仲雍一起避居到吴。古公亶父死，泰伯不回来奔丧，后来又断发文身，表示终身不返，把王位让给季历，季历传给姬昌（周文王）。姬昌后来扩张国势，占有天下的三分之二，到他的儿子姬发（周武王），便灭了殷商，统一天下。将天下让与贤者、圣者，天下才有可能得到治理，让位者也显示出极为高尚的品格。②三：多次的意思。③民无得而称焉：钱穆注曰，"泰伯之让，无迹可见。相传其适吴，乃以采药为名，后乃断发文身卒不归，心在让而无让事，故无得而称之"。"让德亦是一种仁德，至于无名可称，故称之曰至德。"

8.1　德要通过礼表现于外。泰伯三以天下让，而礼让行为却无迹可寻，可谓至德。

8.2　子曰："恭而无礼则劳①，慎而无礼则葸②，勇而无礼则乱，直而无礼则绞③。君子笃④于亲，则民兴于仁；故旧⑤

8.2　德应受到礼的规范，否则各

不遗，则民不偷⑥。”

【译文】

先生说：“恭敬而不讲礼节，就会过于辛劳；谨慎而不讲礼节，就会显得胆怯畏惧；勇敢而不讲礼节，容易盲动闯祸；直率而不讲礼节，说话容易尖刻。居上位的人以深厚感情对待亲族，老百姓中就会兴起仁的风气；不遗弃老朋友，老百姓就不会对人冷漠无情。”

【注释】

①劳：辛劳，劳苦。②葸（xǐ）：胆怯，畏惧。③绞：说话尖刻，出口伤人。没有礼的规范，就缺少对行为的节制和文饰，因此会有劳、葸、乱、绞的弊病。④笃：厚待、真诚。⑤故旧：故交，老朋友。⑥偷：指人与人之间感情淡薄。

项品德都易产生相应的弊病。

居上位的人按照礼的精神对待亲人和故旧，百姓中就会兴起仁德亲善的风气。

一、礼是什么

8.3　曾子有疾，召门弟子曰：“启予足，启予手①！《诗》云②：‘战战兢兢，如临深渊，如履薄冰。’而今而后，吾知免③夫，小子④！”

【译文】

曾子病危，把学生们召集来说：“掀开被子看看我的脚，看看我的手（有没有损伤）！《诗经》上说：‘小心谨慎，好像站在深渊旁边，好像踩在薄冰上面。’从今以后，我知道我不必再担心了，弟子们！”

【注释】

①启予足，启予手：启，打开（被子）。《孝经》记载，孔子曾对曾参说过，“身体发肤，受之父母，不敢毁伤，孝之始也。”曾子临死前要他的学生们看看自己的手脚，以证明自己的身体完整无损，一生遵守孝道。②《诗》云：以下三句引自《诗经·小雅·小旻（mín）》。战战，恐惧的样子。兢兢，谨慎的样子。③免：不再如此。④小子：对弟子的称呼。

8.3　作为人与人交往的方式，礼的核心是自我约束、严谨慎重。（具体体现在哪些方面呢？）

8.4　曾子有疾，孟敬子①问之。曾子言曰："鸟之将死，其鸣也哀；人之将死，其言也善。君子所贵乎道者三：动容貌，斯远暴慢②矣；正颜色，斯近信矣；出辞气，斯远鄙倍③矣。笾豆之事④，则有司⑤存。"

【译文】

曾子有病，孟敬子去看望他。曾子说："鸟快死了，它的叫声是悲哀的；人快死了，他说的话是善意的。居上位的人待人接物时应当重视三个方面：注意调整自己的仪态，以避免粗暴和懈怠；注意端正自己的表情和态度，以让人感到诚信；注意说话的言辞和语气，以避免粗野和违背常理。至于政务细节方面的事情，自有相关官吏来负责。"

【注释】

①孟敬子：鲁国大夫仲孙捷。②暴慢：暴，粗暴无礼。慢，懈怠不敬。③鄙倍：鄙，粗野。倍，同"背"，不合常理。④笾(biān)豆之事：笾和豆都是古代祭祀和典礼中盛放食物的器具，其中笾用来盛放果食等食品,豆用来盛放有汁的食物。笾豆之事，代指礼仪活动中的具体细节。⑤有司：指主管相关事务的官吏。

8.4　在容貌仪表层面，这种自我约束和严谨慎重体现为：与人交往时要调整仪态，端正态度，注意言语，让人感到温和、诚信和智慧。

8.5　曾子曰："以能问于不能，以多问于寡；有若无，实若虚；犯而不校①——昔者吾友②尝从事于斯矣。"

【译文】

曾子说："自己有才能，却向没有才能的人请教；自己知识丰富，却向知识贫乏的人请教；有才能却像没才能一样，满腹知识却像一无所有；被人冒犯，也不计较——从前我的一个朋友就是这样做的。"

【注释】

①校(jiào)：同"较"，计较。②吾友：一般认为指颜渊。

8.5　在内心思想层面，这种自我约束和严谨慎重体现为：要真心地好学、谦虚和宽容。

8.6　曾子曰："可以托六尺之孤①，可以寄百里之命②，临大节而不可夺也——君子人与？君子人也。"

8.6　在个人品质层面，这种自

【译文】

曾子说："可以把年幼的君主托付给他，可以把国家的政权托付给他，面临生死存亡的紧急关头而不动摇屈服——这样的人是君子吗？是君子啊！"

【注释】

①托六尺之孤：古人以七尺为成年。六尺，约合今日 140 厘米，一般指 15 岁以下的小孩。托孤，受君主临终前的嘱托辅佐幼君。②寄百里之命：寄，寄托、委托。百里之命，指国家的政权和命运。

我约束和严谨慎重体现为：要做到品德高尚而坚定，值得别人完全信任。

二、教礼仪以兴仁德

8.7 曾子曰："士①不可以不弘毅②，任重而道远。仁以为己任，不亦重乎？死而后已，不亦远乎？"

【译文】

曾子说："士不能不心胸宽广而有毅力，因为责任重大、路途遥远。把施行仁德作为自己的责任，这种责任难道不重大吗？终生为之奋斗，至死方休，其路途难道不遥远吗？"

【注释】

①士：先秦时贵族阶层的最低等级，也是庶民阶层的最高等级。当时，贵族阶层包括天子、诸侯、卿大夫、士；庶民阶层包括士、农、工、商。士具有贵族的特点，即掌握文化知识，同时又具有庶民的特点，即没有世袭权力，也没有（或极少）可供食租的田地。战国以后，士逐渐成为知识分子的通称。②弘毅：弘，宽广。毅，坚韧。心胸不够宽广，则难以承受重任，品性不够坚韧，则难以致远。

8.7 推行仁德之道，任重而道远。（具体如何推行呢？）

8.8 子曰："兴于《诗》①，立于礼②，成于乐③。"

【译文】

先生说："（人的仁德品性）通过学《诗》被激发出来，通

8.8 推行仁德之道，要借助于诗、礼、乐来实

过学礼被融入行为举止之中，通过学乐得到升华和完成。”

【注释】

①兴于《诗》：兴，起、激发。诗是人的性情的体现，其语言易于理解，通过吟咏好的诗词语句，抑扬反复，可以使人兴起好善恶恶之心。②立于礼：礼以恭敬庄重为本。学礼，可使人的仁德品质体现于外，从而卓然自立。③成于乐：乐，音乐和歌舞。欣赏音乐和歌舞，体现一个人的审美。如果一个人能够体会音乐和歌舞之中的精神，并真心喜爱体现仁德之美的音乐和歌舞，那么仁德的品质就真正融入其身心血脉之中了。

现。要教百姓学诗，以激发其内心的仁德品性；教百姓学礼，将仁德品性体现于其行为举止之中；教百姓学乐，使仁德品性逐渐融入审美意识，化为其本性。（为什么不直接教授仁德之道呢？）

8.9 子曰："民可使由之，不可使知之①。"

【译文】

先生说："对于老百姓，可以让他们按要求去做，很难让他们理解为什么要这样做。"

【注释】

①不可使知之：此句以前歧义较多。实际上，此句并非鼓励愚民政策，因为孔子开私人讲学之风，"有教无类""自行束脩以上，吾未尝无诲焉""学而不厌，诲人不倦"，其目的就是使修身和治国之道能有更多的人理解和实践。此处的"不可使知之"，意指很难让普通百姓理解仁德之道的内涵和价值。"中人以上，可以语上也；中人以下，不可以语上也。"（《论语·雍也篇第六》）可作为此句的注解。

8.9 紧接上章。百姓很难理解仁德的意义和价值，所以不能直接教授仁德之道，而要通过让百姓学诗、礼、乐，以激发和培养其仁德的品性。

8.10 子曰："好勇疾①贫，乱也。人而不仁，疾之已甚②，乱也。"

【译文】

先生说："好逞勇力且厌恶贫困，就易为非作乱。过于厌恶

8.10 诗、礼、乐三者中，礼的作用极为重大。如果不知礼，百姓好

不仁德的人，也易使其为非作乱。”

【注释】

①疾：以……为疾。②已甚：太过分。

勇疾贫，或者对不仁之人过度厌恶，都易引发为非作乱的行为。

8.11　子曰：“如有周公之才之美，使骄且吝，其余不足观也已。”

【译文】

先生说：“即使有周公那样超凡的才能，如果骄傲自大而又吝啬小气，那么这个人其他方面也就不值得一看了。”

8.11　同时，如果不懂礼，为人骄傲自大而又吝啬小气，即使有再好的才能，也难以受到别人重视。

三、推行礼仪之道以实现社会和谐

8.12　子曰：“三年学，不至于谷①，不易得也。”

【译文】

先生说：“学了三年，还没有做官的念头，是很难得的。”

【注释】

①谷：古代以谷米作为官吏的俸禄，这里用“谷”字代表做官。不至于谷，即不去做官。

8.12　学习礼仪之道，不能急于求成。（从 3 ～ 6 章可知，礼的内在要求并非轻易能够学成、做到。）

8.13　子曰：“笃信好学，守死善道。危邦不入，乱邦不居。天下有道则见①，无道则隐。邦有道，贫且贱焉，耻也；邦无道，富且贵焉，耻也。”

【译文】

先生说：“笃信此道、好学此道，守此道至死、好此道不厌。不进入危险的国家，不居住在混乱的国家。天下有道就积极进取，天下无道就隐忍不出。国家有道而自己贫贱且不知进取，是耻辱；国家无道而自己却得到了富贵，也是耻辱。”

8.13　学有所成，要坚守善道。选择合适机会，将所学用于实践，推行礼仪之道。（如果没有合适的机会呢？）

【注释】

①见（xiàn）：同“现”。

8.14 子曰：“不在其位，不谋其政。”

【译文】

先生说：“不居于此职位，就不要去做此职位上的事。”

8.14 紧接上章。如果没有合适的机会，不居于相应的职位，不能越俎代庖。

8.15 子曰：“师挚之始①，《关雎》之乱②，洋洋乎盈耳哉！”

【译文】

先生说：“从太师挚演奏序曲开始，到最后演奏《关雎》的合音，美妙动听的音乐充满我的耳朵。”

【注释】

①师挚之始：师挚，鲁国的乐师，名挚。“始”是乐曲的开端，即序曲。古代奏乐，开端叫“升歌”，一般由太师演奏，师挚是太师，所以这里说是“师挚之始”。②《关雎》之乱：“乱”是乐曲的终了，是合奏乐，此时奏《关雎》乐章，所以叫“《关雎》之乱”。

8.15 将礼仪之道施行于天下，整个社会感情真挚而和谐，多么让人心旷神怡呀！

8.16 子曰：“狂而不直①，侗②而不愿③，悾悾④而不信，吾不知之矣。”

【译文】

先生说：“狂妄却不直率，无知却不朴实，表面上诚恳却不守信用，我真不知道有的人为什么会这样。”

【注释】

①狂而不直：狂者多爽直，狂是缺点，爽直是可取之处。一个人德性不纯，虽然有缺点，但同时具备相应的可取之处。现在仅有“狂”的缺点，却无“直”这一可取之处，天性之美

8.16 对那些失去了天性之美的人，就很难教化了。

12 ～ 16 章意，学成礼仪之道，并将其推行于社会，可使社会呈“洋洋乎盈

已彻底丧失，下同。②侗（tóng）：幼稚无知。③愿：谨慎、朴实。④悾悾（kōng）：诚恳的样子。

耳”的美好之态，但对于一些失去天性之美的人，就难以教化了。（这是社会管理的最佳状态吗？）

四、将礼仪、仁德之道融会贯通，实现天下大治

8.17　子曰：“学如不及，犹恐失之。”

【译文】

先生说：“学习就像追赶一个东西，总是追不上，还担心目标丢失了。”

8.17　学习大道，要内心迫切、全身心投入。（与第12章的“三年学，不至于谷”相比，本章所描述的学习的主动性和迫切性要高得多。）

8.18　子曰：“巍巍①乎，舜禹之有天下也而不与②焉！”

【译文】

先生说：“多么崇高啊！舜和禹拥有天下，只是为百姓操劳，自己并不谋私享受。”

【注释】

①巍巍：崇高、高大的样子。②与：参与，引申为私有、享受的意思。

8.18　要学习和实践舜禹服务天下、不谋私利的精神。

8.19　子曰：“大哉，尧①之为君也！巍巍乎！唯天为大，唯尧则②之。荡荡③乎，民无能名④焉。巍巍乎其有成功也，

8.19　再进一步，要学习和实

焕[5]乎其有文章[6]！”

【译文】

先生说：“尧作为君主真了不起！多么伟大啊！天最宏伟高大，只有尧才能效法。他的恩德多么广博啊，百姓们不知用什么语言来表达对他的赞美。他的功绩多么伟大，他制定的典章制度多么光辉灿烂！”

【注释】

①尧：中国古代传说中的圣君。②则：效法。③荡荡：广大的样子。④名：形容、称赞。⑤焕：光辉灿烂。⑥文章：典章制度。

践尧效法上天，建功立业、完善典章制度的能力。

8.20 舜有臣五人[1]而天下治。武王曰：“予有乱臣[2]十人。”孔子曰：“才难，不其然乎？唐虞之际[3]，于斯[4]为盛，有妇人焉[5]，九人而已。三分天下有其二[6]，以服事殷。周之德，其可谓至德也已矣。”

【译文】

舜有五位贤臣，就把天下治理好了。周武王说：“我有十个帮助我治理国家的能臣。”孔子说：“人才难得，难道不是这样吗？唐尧和虞舜之际已经算人才辈出了，而周武王时期人才最兴盛，十个大臣中有一个是妇女，实际上共有九个人。周得了天下的三分之二，仍然事奉殷朝。周朝的仁德，可以说是最高的了。”

【注释】

①舜有臣五人：传说是禹、稷、契、皋陶、伯益等人。②乱臣：治国之臣。《说文》：“乱，治也。”③唐虞之际：传说尧在位的时代叫唐，舜在位的时代叫虞。④斯：指周武王时期。⑤有妇人焉：指武王的十位能臣中有武王之妻邑姜。⑥三分天下有其二：相传当时中国分为九州，文王得荆、梁、雍、豫、徐、扬六州，是三分之二，只有青、兖、冀三州尚属纣。

8.20 更进一步，要学习和实践周朝“三分天下有其二，以服事殷”的至德，最终实现人才辈出、天下大治的目标。

结语：礼与德的统一

8.21　子曰："禹，吾无间①然矣。菲②饮食而致③孝乎鬼神，恶衣服而致美乎黻冕④，卑⑤宫室而尽力乎沟洫⑥。禹，吾无间然矣。"

【译文】

先生说："对于禹，我没什么可挑剔的了。他的饮食很简单却把祭品办得很丰盛；他平时衣服很简朴，却把祭服做得很华美；他居住的宫室很简陋，却致力于兴修水利。对于禹，我确实没什么可挑剔的了。"

【注释】

①间：空隙。此处用作动词，挑剔。②菲：菲薄，不丰厚。③致：致力、努力。④黻（fú）冕（miǎn）：祭祀时穿的礼服叫黻，祭祀时戴的礼帽叫冕。⑤卑：低矮，简陋。⑥沟洫（xù）：沟渠。朱熹引杨氏曰，"薄于自奉，而所勤者民之事，所致饰者宗庙朝廷之礼，所谓有天下而不与也，夫何间然之有。"

8.21　一个人对仁德的追求与对礼仪的追求要实现完美统一。

禹饮食简单，衣服简朴，宫室简陋，勤于民事，是仁德的体现；为祈求鬼神护佑百姓，把祭祀鬼神的祭品办得很丰盛，祭服做得很华美，这是礼仪的体现。他的行为体现了仁德和礼仪的完美统一。

子罕篇第九

罕言利命仁

引言：罕言利与命与仁

9.1　子罕①言利与命与仁②。

【译文】

先生极少谈名利，也很少谈命运和仁德。

【注释】

①罕：副词，少、稀少，表示动作频率。②与命与仁：与，连词，以及，有程度递减之意。即言利的次数最少，言命的次之，言仁的又次之，但都谈得不多。

9.1　孔子极少谈名利，也很少谈命运、仁德。

一、罕言利

9.2　达巷党人①曰："大哉孔子！博学而无所成名。"子闻之，谓门弟子曰："吾何执？执御乎，执射乎？吾执御矣②。"

【译文】

达巷党的人说："孔子真伟大！他学问广博，可惜没有足以使他成名的专长。"先生听说了，对学生们说："我要专长于哪个方面呢？驾车呢，还是射箭呢？我还是驾车吧。"

【注释】

①达巷党人：达巷党这个地方的人。达巷是党名。②吾执御矣：孔子认为，达巷党人虽以博学称赞他，但实际上并不理解他，因为他们是从功利（"器"）的角度看待他的才学的，

9.2　孔子毫不在意个人名利。对于达巷党人的赞美和惋惜，孔子以戏言"吾执御矣"相回应，体现了孔子不屑于谈个人名利的态度。

远未看到他的德行和施行仁德于天下的理想。对此，他并不愿多做解释，而是戏言“吾执御矣”。

9.3　子曰：“麻冕①，礼也。今也纯②，俭③，吾从众。拜下④，礼也。今拜乎上，泰⑤也。虽违众，吾从下。”

【译文】

先生说：“礼帽用麻料来织，是合乎传统礼仪的。现在用黑丝制作，比过去节省，我赞成大家的做法。臣见君，要先在堂下跪拜，再到堂上跪拜，这是合乎礼仪的。现在免除先在堂下跪拜的做法，直接到堂上跪拜，这是骄纵的表现。虽然与大家的做法不一样，但我还是主张先在堂下跪拜。”

【注释】

①麻冕：古代用麻织成的做工精细、较昂贵的礼帽。②纯：黑色的丝。③俭：俭省。用麻线做礼帽，依照规定，要用2400缕经线，麻质较粗，必须织得非常细密，因此费工。丝质细，容易织成，因而俭省些。④拜下：大臣面见君主前，先在堂下跪拜，再到堂上跪拜。⑤泰：骄纵、傲慢。

9.3　孔子对与别人相关的“利”的态度：如不改变礼仪内涵，而适当节俭礼仪花费，孔子是赞同的；但是，对于随意减省礼仪规范、降低礼仪要求的做法，尽管大家都接受，孔子也是反对的。

9.4　子绝四——毋意①，毋必②，毋固③，毋我④。

【译文】

先生绝无四种心思：无臆测，无希求，无固执，无唯我。

【注释】

①意：同“臆”，猜想、猜疑。②必：期望必定。③固：固执。④我：这里指自私之心。朱熹注曰：“四者相为终始，起于意，遂于必，留于固，而成于我也。盖意必常在事前，固我常在事后，至于我又生意，则物欲牵引，循环不穷矣。”

9.4　总结孔子对名利的态度：无臆测（如何获得名利），无希求（一定有名利），不固执（应该获得名利），不在乎（自己是否获得名利）。

二、罕言命

9.5　子畏于匡①，曰："文王②既没，文不在兹③乎？天之将丧斯文也，后死者④不得与⑤于斯文也；天之未丧斯文也，匡人其如予何⑥？"

【译文】

先生在匡地被拘囚，说："周文王已经不在了，周代的礼乐文化不都传承到我身上了吗？上天如果想要消灭这种文化，那我就不可能掌握它；上天如果不想消灭这种文化，匡人又能把我怎么样呢？"

【注释】

①畏于匡：畏，拘囚。《荀子·赋篇》云，"比干见刳（kū），孔子拘匡。"匡，地名，在今河南省长垣（yuán）县西南。公元前496年，孔子从卫国到陈国去时路过匡地。匡人曾受到鲁国阳虎的掠夺和残杀。孔子的相貌与阳虎相像，匡人误以为孔子就是阳虎，所以将他拘囚。②文王：周文王，姓姬名昌，西周开国之君周武王的父亲，是孔子认为的古代圣贤之一。③兹：这里，指孔子自己。④后死者：指自己。⑤与：接受，掌握。⑥如予何：奈我何，把我怎么样。

9.5　在危难之时，孔子将传承礼乐文化的天命作为支撑自己渡过难关的坚定信念。

9.6　太宰①问于子贡曰："夫子圣者与？何其多能也？"子贡曰："固天纵②之将③圣，又多能也。"

子闻之，曰："太宰知我乎？吾少也贱，故多能鄙事④。君子多乎哉？不多也。"

【译文】

太宰向子贡问道："夫子是位圣人吧？他怎么会掌握这么多技艺呢？"子贡说："本是上天选择让他成为大圣人，而且使他多才多艺。"

9.6　但在现实中，人们并没有真正理解孔子的追求。对于太宰所赞许的才能，孔子觉得无足挂齿。因为对君子来讲，其实并不先生听到后，说："太宰了解我吗？我少年时地位低贱，所以学会许多鄙陋的技艺。君子会有这么多技艺吗？不会有这么多的。"

【注释】

①太宰：古代官职。西周时，主要负责王室宫廷事务。这里的太宰，不能确认是谁。②纵：放纵、不加限制。③将：《尔雅》："将，大也。"④鄙事：鄙陋之人所做的事，主要指谋生的技艺。孔子认为，"君子谋道不谋食"，故以谋生技艺为鄙事。

需要掌握这么多技能。

9.7 牢①曰："子云，'吾不试②，故艺。'"

【译文】

牢说："先生说过，'我没有被国家使用，所以学会许多技艺。'"

【注释】

①牢：郑玄说是孔子学生，但《史记·仲尼弟子列传》中无此人。②试：用，被使用。

9.7 紧接上章。正是因为孔子没有机会从政以实践自己的治国理念，所以才学会了许多技能。

9.8 子曰："吾有知乎哉？无知也。有鄙夫①问于我，空空如也②。我叩③其两端④而竭⑤焉。"

【译文】

先生说："我有知识吗？我其实没有什么知识。有个乡下人问我问题，我对他谈的问题本来一无所知，我只是从问题的始末、正反两方面进行思考分析，并深究到底，问题就全部搞清楚了。"

【注释】

①鄙夫：指农夫，代指没有文化的人。②空空如也：形容一无所知。③叩：朱熹注曰，"叩，发动也。"文中意指从"其两端"着手进行思考分析。④两端：两头，指正反、始终、上下等。⑤竭：穷尽、尽力追究。

9.8 这些知识、技能是死的，是有限的。而孔子所掌握的研究问题、解决问题的方法，是这些知识、技能的源泉。（这才是真正重要的，是社会最需要的。但是，谁能够认识到这一点呢？）

9.9 子曰：“凤鸟①不至，河不出图②，吾已矣夫！”

【译文】

先生说：“凤鸟不飞来，黄河中也不现出八卦图，我这一生恐怕也就完了吧！”

【注释】

①凤鸟：古代传说中的一种神鸟。传说凤鸟在舜和周文王时代都出现过,它的出现象征着“圣王”将要出世。②河不出图：传说在上古伏羲氏时代，黄河中有龙马背负八卦图而出。它的出现也象征着“圣王”将要出世。

9.9 圣王不出现，也就不会有人能够认识到孔子真正的才能。

5～9章意，孔子把传承和推行仁道作为自己的使命，可现实中人们并不理解其真正才能，他也就难有机会施展治国抱负。

三、罕言仁

（一）孔子致力于推行仁德大道（不是谈论仁）

9.10 子见齐衰①者、冕衣裳者②与瞽③者，见之，虽少，必作④；过之，必趋⑤。

【译文】

先生见到穿丧服的人、身着盛装的贵族和盲人时，即使他们年龄比自己小，也一定要站起来；从他们面前经过时，一定要快步走过。

【注释】

①齐（zī）衰（cuī）：古时用麻布制成的丧服。②冕（miǎn）衣裳者：身着盛装的贵族。冕，高等贵族所戴的礼帽，后来只有皇帝所戴才称冕。衣，上衣。裳，下服。③瞽（gǔ）：眼盲。④作：站起来，以表示尊敬、同情等。⑤趋：快步走，以表示尊敬、同情等。

9.10 孔子一直自觉践行仁德品质的要求。（不是谈论仁）

9.11　颜渊喟①然叹曰："仰之弥②高，钻之弥坚。瞻之在前，忽焉在后③。夫子循循然善诱人④，博我以文，约我以礼，欲罢不能。既竭吾才，如有所立卓尔⑤。虽欲从之，末由⑥也已。"

【译文】

颜渊感叹地说："老师的思想，我抬头仰望，却越望越高；我努力钻研，却越钻越坚。眼看着它还在前面（还未达到），忽然却已在后面（已经过了）。老师善于一步一步地引导我，用典籍丰富我的知识，用礼仪约束我的言行，使我想停止学习都不可能。直到我用尽了全力，它好像仍然耸立在我前面。虽然想要追随上去，却没有前进的道路了。"

【注释】

①喟（kuì）：叹息声。②弥：更加，越发。③瞻之在前，忽焉在后：瞻，视、看。在前，指还未达到。在后，指已经过了，"过犹不及"。④循循然善诱人：循循然，有次序地。诱，引导。⑤卓尔：高高直立的样子。⑥末由：没有办法。末，无、没有。由，途径，路径。

9.11　孔子将"仁"的教育融入于文化、礼仪教育之中，潜移默化地教育和影响他人。（不是直接谈论仁）

9.12　子疾病，子路使门人为臣①。病间②，曰："久矣哉，由之行诈也！无臣而为有臣。吾谁欺？欺天乎？且予与其死于臣之手也，无宁③死于二三子之手乎！且予纵不得大葬④，予死于道路乎？"

【译文】

先生病重，子路安排先生门人做家臣，以料理后事。后来，先生的病好了一些，他说："仲由干这种弄虚作假的事情已经很久了。明明没有家臣，却偏要装作有家臣。我骗谁呢？骗上天吗？而且我与其在家臣操持下死去，宁可在你们这些学生的操持下死去！即使我不能以大夫之礼隆重安葬，难道会被丢在路边没人埋吗？"

9.12　孔子随时随地利用生活中发生的事情，对弟子们进行具体的品德教育。（不是笼统地谈论仁）

【注释】

①臣：指家臣。孔子当时不是大夫，没有家臣，但子路让门人充当家臣准备治丧事宜，以体现孔子曾任大夫的政治地位，并相应适用较高规格的丧葬礼仪。②病间：病情减轻。③无宁：宁可。④大葬：隆重的葬礼。

9.13　子贡曰："有美玉于斯，韫椟①而藏诸，求善贾②而沽诸？"子曰："沽③之哉，沽之哉！我待贾者也。"

【译文】

子贡说："有一块美玉，是把它装在匣中收藏起来，还是找个识货的商人卖掉呢？"先生说："卖掉吧，卖掉吧！我正在等着识货的人呢。"

【注释】

①韫（yùn）椟：收藏于匣中。韫，收藏。椟，匣子。②善贾（gǔ）：识货的商人。贾，商人。③沽：卖。孔子认为自己就是美玉，等待天子、诸侯、卿大夫中的"识货者"购买。

9.13　孔子热切地期望有从政治国的机会，以将仁德之道推行于天下。（不是谈论仁）

9.14　子欲居九夷①。或曰："陋②，如之何？"子曰："君子居之，何陋之有？"

【译文】

先生想要搬到九夷去。有人说："那里非常落后闭塞，怎么能住呢？"先生说："君子住在那里，怎么会落后闭塞呢？"

【注释】

①九夷：中国古代对东方少数民族的通称。②陋：闭塞，不开化。

9.14　即使是九夷这样落后闭塞的地方，孔子也有信心施行仁德之道。（他为什么这么自信呢？）

9.15　子曰："吾自卫反鲁①，然后乐正，《雅》《颂》各得其所。"

【译文】

先生说："我从卫国返回鲁国后，乐音才得以厘正，《雅》《颂》才各得其正、各得其美。"

9.15　孔子有极高的音乐造诣，故对自己以音乐教化百姓的能力有信心。（音乐教

【注释】

①自卫反鲁：皇侃注曰，“孔子在鲁哀公十一年从卫还鲁，而删《诗》《书》，定礼、乐，故乐音得正。乐音得正，所以《雅》《颂》之诗各得其本所也。《雅》《颂》是《诗》义之美者，美者既正，则余者正亦可知也。”

化是仁德教化的最高形式）

9.16　子曰：“出则事公卿，入则事父兄，丧事不敢不勉，不为酒困，何有于我哉？”

【译文】

先生说：“在外事奉公卿，在家侍奉父亲兄长，有丧事不敢不尽力去办，不被酒所困，这些事对我来说有什么困难呢？”

9.16　孔子践行礼的要求，已经可以做到随心所欲，故对自己实施礼教的能力有信心。（礼是仁德教化的重要方式）

9.17　子在川上，曰：“逝者如斯夫，不舍昼夜。”

【译文】

先生站在河边，叹道：“消逝的时光就像这河水一样啊，日夜不停地流去。”

9.17　时光在流逝，推行仁德的事业是多么急迫啊！

（二）培养仁德品质，要靠自己主动努力（不能靠别人说）

9.18　子曰：“吾未见好德如好色者也。”

【译文】

先生说：“我没有见过像喜好美色那样喜好美德的人。”

9.18　人们对提升品德修养不够重视。

9.19　子曰：“譬如为山，未成一篑①，止，吾止也；譬如平地，虽覆一篑，进，吾往也。”

【译文】

先生说：“譬如堆土成山，只差一筐土就完成了，这时停

9.19　紧接上章。但提升品德修养只能靠自己主动努力。进，

下来，那是我自己停下来的；譬如在平地上，虽然只倒下一筐土，但继续干下去，那也是我自己坚持干下去的。”

要靠自己主动进取；止，也是自己主动停止的。

【注释】

①篑（kuì）：土筐。《尚书·旅獒（áo）》曰：“为山九仞，功亏一篑。”孔子此言，可能出于此。

9.20　子曰：“语之而不惰者，其回也与！”

【译文】

先生说：“听我说话而始终毫不懈怠的，只有颜回吧！”

9.20　要持续努力而不懈怠。

9.21　子谓颜渊，曰：“惜乎！吾见其进也，未见其止也。”

【译文】

先生谈到颜渊，说：“可惜（他死得早）！我只见他不断进步，从来没有看见他停止过。”

9.21　要不断进步而不停止。

9.22　子曰：“苗而不秀者有矣夫！秀而不实①者有矣夫！”

【译文】

先生说：“庄稼出了苗却不能结穗的情况是有的，结了穗却不结果实的情况也是有的。”

【注释】

①苗、秀、实：谷发芽生长称为苗，结穗为秀，成谷为实。“秀而不实”，指颜回提高品德修养，却短命而亡，没有机会施展抱负。“苗而不秀”，指许多人并不注重提高品德修养，其人生就像庄稼只出苗而不结穗。

9.22　有的人活着，却不能提高品德修养；有的人提高品德修养，却没有机会施展抱负。

9.23　子曰：“后生可畏，焉知来者之不如今也？四十、五十而无闻焉，斯亦不足畏也已。”

【译文】

先生说：“年轻人是可畏的，怎知他们赶不上现在的人呢？一个人如果到了四五十岁还默默无闻，那他就不足畏了。”

9.23　后生年富力强，若其进而不止，其势可畏。但若放任自流，随着时光流逝，仍然无所作为，也就不足畏了。

（三）培养仁德品质，关键在于做（不在于说）

9.24　子曰："法语之言①，能无从乎？改之为贵。巽与之言②，能无说③乎？绎④之为贵。说而不绎，从而不改，吾末⑤如之何也已矣。"

【译文】

先生说："正言规劝，谁能不接受呢？改正错误才是可贵的。恭顺赞许，谁能不高兴呢？分析鉴别（其真伪是非）才是可贵的。盲目高兴而不分析，表面听从而不改正，对这种人我实在是没有办法了。"

【注释】

①法语（yǔ）之言：指正言规劝的话。法，法则。语，告诫。②巽(xùn)与之言：指恭顺赞许的话。巽，同"逊"，恭顺、谦逊。与，称许、赞许。③说（yuè）：同"悦"。④绎：原义为抽丝，这里指分析、鉴别。⑤末：没有。

9.24　对于别人的正言规劝，只有落实到自己的行动上，才能不断改进和提高。

9.25　子曰："主忠信。毋友不如己者。过则勿惮改。"

【译文】

先生说："行事要以忠信为依据。要谦虚，没有人完全不如自己。有了过错，不要怕改正。"

9.25　要以忠信为行事的依据。努力学习他人的优秀品德。自己有错，要勇于改正。

9.26　子曰："三军①可夺帅也，匹夫②不可夺志也。"

【译文】

先生说："三军之众，主帅可以被夺去；但作为一个男子汉，信念却不能被夺走。"

【注释】

①三军：按照周朝制度，诸侯中的大国可以拥有三军，每军 12500 人。②匹夫：庶民，主要指男子。

9.26　"忠信"的信念，应坚定而不可夺。

9.27　子曰：“衣①敝缊袍②，与衣狐貉③者立，而不耻者，其由也与？‘不忮不求，何用不臧④？’”子路终身诵之。子曰：“是道也，何足以臧？”

9.27　紧接上章。要坚定“忠信”的信念，对富贵不嫉妒、不贪求。

【译文】

先生说：“穿着破旧的袍子，与穿着狐貉皮袍的人站在一起，而不觉得羞耻的，大概只有仲由吧。‘不嫉妒，不贪求，怎么能说不好呢？’”子路听后，反复吟诵这句诗。先生又说：“只做到这些，又怎么能说是足够好了呢？”

【注释】

①衣：动词，穿。②敝缊（yùn）袍：破旧的棉袍。敝，坏。缊，乱麻、旧絮。③狐貉（hé）：用狐和貉的皮做的裘皮衣服。④不忮（zhì）不求，何用不臧（zāng）：见《诗经·邶风·雄雉》。忮，嫉妒。求，贪求。臧，善、好。孔子此言，称赞子路不以贫富动其心，对于仁德之道可算是“登堂”矣，但子路“终身诵之”，则自喜其能，不知还需精进，故孔子出言警示，“是道也，何足以臧？”

9.28　子曰：“岁寒①，然后知松柏之后凋也。”

9.28　要有毅力、有恒心。

【译文】

先生说：“天冷了，然后才知道松柏是最后凋谢的。”

【注释】

①岁寒：朱熹引谢氏曰：“士穷见节义，世乱识忠臣。”

9.29　子曰：“知者不惑，仁者不忧，勇者不惧。”

9.29　要努力做到不惑、不忧、不惧。

【译文】

先生说：“智慧的人不会迷惑，仁德的人不会忧虑，勇敢的人无所畏惧。”

9.30　子曰：“可与共学，未可与适道①；可与适道，未可与立②；可与立，未可与权③。”

9.30　要努力追求大道、坚守大

【译文】

先生说："可以一起学习，未必能够一起追求大道；能够一起追求大道，未必能够一起坚守大道；能够一起坚守大道，未必都能够做到通权达变。"

【注释】

①适道：追求道。适，往、赴。②立：坚守不变。③权：秤锤。引申为权衡轻重，有所变通。

道，对大道融会贯通，从而能够通权达变。

结语：真心求仁，何远之有

9.31 "唐棣①之华，偏其反而②。岂不尔思？室是远而③。"子曰："未之思也，夫何远之有？"

【译文】

"唐棣的花朵，翩翩摇摆。难道我不想念你吗？只是家住得太遥远了。"先生说："恐怕是没有真心想念吧。如果真心想念的话，怎么会觉得遥远呢？"

【注释】

①唐棣（dì）：一种植物，属蔷薇科，落叶灌木。②偏其反而：形容花摇动的样子。③室是远而：只是住的地方太远了。

9.31 达到"仁"很难吗？恐怕是没有真心追求。如果真心追求，怎么会觉得难呢？

与引言和正文对照，那些认为达到"仁"很难的人，可能是因为看到追求仁德对自身名利和前途命运产生的不利影响，所以才发出"岂不尔思，室是远而"的感慨吧。

乡党篇第十

礼仪师表

引言：言行举止，皆合于礼

10.1　孔子于乡党，恂恂①如也，似不能言者②。其在宗庙朝廷，便便③言，唯谨尔。

【译文】

孔子在乡里，态度温恭谦逊，像是不太会说话一样。但他在宗庙里、朝廷上，言辞清晰流畅，只是比较谨慎而已。

【注释】

①恂恂（xún）：温和谦恭的样子。②似不能言者：指言辞谦卑逊顺，丝毫不觉得比别人更加贤能智慧。③便便（pián）：言辞清晰流畅、善于辞令的样子。朱熹注曰："宗庙，礼法之所在；朝廷，政事之所出：言不可以不明辨。故必详问而极言之，但谨而不放尔。"

10.1　无论在乡里，还是在宗庙、朝廷，孔子言行皆合于礼。

一、朝中仪态

10.2　朝，与下大夫言，侃侃①如也；与上大夫言，訚訚②如也。君在，踧踖③如也，与与④如也。

【译文】

上朝时，同下大夫交谈，态度温和而愉悦；同上大夫交谈，态度诚恳而中正。国君在时，态度恭敬而从容不迫。

【注释】

①侃侃：温和愉悦的样子。②訚訚（yín）：态度诚恳而中

10.2　在朝廷上，以适宜的态度面对不同的人。

正讲理的样子。③踧（cù）踖（jí）：恭敬不宁的样子。④与与：从容不迫、威仪中适的样子。钱穆注曰，“单言踧踖，若有不宁，单言与与，似近于慢，故合言之。”

10.3　君召使摈①，色勃如也②，足躩③如也。揖所与立，左右手，衣前后，襜④如也。趋进⑤，翼如也⑥。宾退，必复命曰：“宾不顾矣。”

10.3　迎送贵宾，进退礼仪得当。

【译文】

国君召孔子去迎接引导贵宾，孔子脸色立即庄重起来，脚步也快起来。向两旁的人作揖，向左右拱手，衣裳前后摆动，却整齐不乱。快步向前，像鸟儿舒展开双翅。宾客告辞后，必定向君主回报说：“客人已经不回头看了。”

【注释】

①摈（bìn）：动词，迎接引导贵宾。②色勃如也：脸色立即庄重起来。勃，变色貌。③躩（jué）：走路快的样子。④襜（chān）：整齐之貌。⑤趋进：疾趋而进，在行步时表示敬意的做法。⑥翼如也：如鸟儿展翅一样。

10.4　入公门，鞠躬如也①，如不容。

立不中门，行不履阈②。

过位，色勃如也，足躩如也，其言似不足者。

摄齐③升堂，鞠躬如也，屏气似不息者。

出，降一等④，逞⑤颜色，怡怡如也。

没阶⑥，趋进，翼如也。

复其位，踧踖如也。

10.4　在朝中，行为举止、面貌表情都体现出谨慎和恭敬。

【译文】

走进朝廷的大门，谨慎而恭敬，好像无容身之地。

不站在门的中间，行走时不踩门坎。

走过国君的座位，脸色立刻庄重起来，脚步加快，说话也好像中气不足一样。

提起衣服的下摆向堂上走，谨慎而恭敬，敛身屏气好像不呼吸一样。

退出来，走下一级台阶，脸色便放松下来，显得心情愉快。

下完了台阶，快步向前走，好像鸟儿舒展翅膀。

回到自己的位置，又显得踧踖不安的样子。

【注释】

①鞠躬如也：谨慎而恭敬的样子。②履阈（yù）：脚踩门坎。阈，门坎。③摄齐（zī）：提起衣服的下摆。摄，提起。齐，衣服的下摆。④降一等：从台阶上走下一级。等，台阶的级。⑤逞：舒展。⑥没阶：走完了台阶。

10.5　执圭①，鞠躬如也，如不胜②。上如揖，下如授。勃如战色③，足蹜蹜④，如有循⑤。

享礼⑥，有容色。

私觌⑦，愉愉如也。

10.5　出使外国，容仪举止符合不同场合的要求。

【译文】

出使别国参加典礼时，手捧着玉圭，恭敬谨慎，仿佛不胜其重。向上举，如同作揖，放下来，像是授物与人。面色庄重，战战兢兢，脚步快而细碎，好像沿着线往前走。

献礼的时候，脸色和气而愉悦。

以私人身份会见时，则是轻松愉快。

【注释】

①圭（guī）：一种上圆下方的玉器。出使邻国，大夫拿着圭作为代表君主的凭信。②胜（shēng）：承受得了。③战色：战战兢兢的样子。④蹜蹜（sù）：举脚密而狭，小步快走的样子。⑤如有循：好像沿着线往前走。循，沿着。⑥享礼：指向对方献礼的仪式。享，献。使者受到接见后，接着举行献礼仪式。⑦觌（dí）：会见。

二、居家服饰饮食等

10.6 居家着装合乎风俗习惯。

10.6 **君子不以绀緅饰①，红紫不以为亵服②。**

当暑，袗絺绤③，必表而出之④。

缁衣⑤，羔裘⑥；素衣，麑⑦裘；黄衣，狐裘。

亵裘长，短右袂⑧。

必有寝衣⑨，长一身有半。

狐貉之厚以居⑩。

去丧，无所不佩。

非帷裳⑪，必杀之⑫。

羔裘玄冠⑬不以吊⑭。

吉月⑮，必朝服而朝。

【译文】

君子不用深青透红或黑中透红的布镶边，不用红色和紫色的布做平常在家穿的衣服。

夏天穿粗的或细的葛布单衣，但外出时要再套件外衣。

黑衣配羔羊皮袍，白衣配鹿皮袍，黄衣配狐皮袍。

居家的皮袍做得长一些，右边的袖子短一些。

睡觉要有睡衣，长度为上身的一身半长。

用狐貉的厚毛皮作坐垫。

服丧期满后，便可以佩戴饰品。

如果不是礼服，一定要加以剪裁。

不穿着黑色的羔羊皮袍和戴着黑色的帽子去吊丧。

每月初一，一定要穿着朝服去拜见君主。

【注释】

①不以绀（gàn）緅（zōu）饰：不以深青透红或黑中透红的布给平常穿的衣服镶边作饰物。绀，《说文》曰，“帛深青扬赤色。”緅，《说文》曰，“帛青赤色。”这两种颜色都接近于黑色，

比较庄重，因此不用来镶边，为别的颜色做装饰。②红紫不以为亵（xiè）服：亵服，平时在家里穿的衣服。红色和紫色都是很贵重的颜色，因此不用来做便服。③袗（zhěn）絺（chī）绤（xì）：穿粗的或细的葛布单衣。袗，单。絺，细葛布。绤，粗葛布。④必表而出之：外出时要再套上外衣。⑤缁衣：黑色的衣服。⑥羔裘：羔皮衣。古代的羔裘都是黑羊皮，毛皮向外。⑦麑（ní）：小鹿。⑧短右袂（mèi）：袂，袖子。右袖短一点，是为了便于做事。⑨寝衣：睡衣。⑩狐貉之厚以居：狐貉之厚，厚毛的狐貉皮。居，坐。⑪帷裳：上朝和祭祀时穿的礼服，用整幅布制作，不加以裁剪，折叠缝上。⑫必杀之：一定要裁去多余的布。杀，裁。⑬羔裘玄冠：黑色皮礼帽。古人以黑色为吉色。⑭不以吊：不用于丧事。⑮吉月：农历每月初一。

10.7 齐①，必有明衣②，布。

齐必变食③，居必迁坐④。

10.7 斋戒前及斋戒期间要调整身心，以示敬意。

【译文】

斋前沐浴后，一定要穿洁净的衣服，用布做的。

斋戒时，一定要改变平常的饮食，居住也一定搬移地方。

【注释】

①齐（zhāi）：同“斋”。②明衣：斋前沐浴后穿的洁净的衣服，以示身体洁净。③变食：改变平常的饮食。指不饮酒，不吃葱、蒜等有刺激性气味的东西。④居必迁坐：指从内室迁到外室居住，不和妻妾同房。

10.8 食不厌精，脍不厌细①。

食饐②而餲③，鱼馁④而肉败⑤，不食。色恶，不食。臭恶，不食。失饪⑥，不食。不时⑦，不食。割不正⑧，不食。不得其酱，不食。

肉虽多，不使胜食气⑨。

唯酒无量，不及乱⑩。

10.8 居家饮食要健康。

沽酒市脯[11]，不食。

不撤姜食，不多食。

【译文】

粮食尽可能舂得精碎，鱼和肉尽可能切得细。

粮食霉烂变味了，鱼和肉不新鲜了，都不吃。食物变色了，不吃。气味变坏了，不吃。饭未做熟，不吃。不是吃饭的时间，不吃。肉割得不合规矩，不吃。佐料不合适，不吃。

席上肉食虽多，但吃的量不超过主食。

只有酒没有限制，但不喝醉。

从市场上买来的酒和肉干，不吃。

吃完了，姜不撤除，但也不多吃。

【注释】

①脍（kuài）不厌细：脍，切细的鱼、肉。不厌，不是指必须如此，而是指这样做有好处。按中国传统饮食观念，食精则易消化吸收，故养人；脍粗则不易消化吸收，能害人。②饐(yì)：陈旧，指食物放置时间长了。③餲（ài）：变味了。④馁（něi）：鱼腐烂，这里指鱼不新鲜。⑤败：腐烂，指肉不新鲜。⑥饪：烹调生熟的要求。⑦时：吃饭的时间。⑧割不正：古人宰杀牛羊时解剖肢体叫割，分割有一定的方法，不合这种分法的叫“割不正”。⑨食气：主食。⑩不及乱：不到酒醉时。乱，指酒醉。⑪脯（fǔ）：熟肉干。

10.9　祭于公，不宿肉[1]。祭肉[2]不出三日。出三日，不食之矣。

10.9　祭肉存放的时间长，易腐，更要注意。

【译文】

参加国君祭祀典礼时分到的肉，不能再过夜了。家中的祭肉保存也不超过三天。超过三天，就不吃了。

【注释】

①不宿肉：不使肉过夜。古代的大夫、士有助君祭祀之礼。参加国君祭祀以后，可以得到国君赐的祭肉。但祭祀活动一般

要持续两三天，所以这些肉已经不新鲜，不能再过夜了。②祭肉：此指家祭用的肉。

10.10 食不语，寝不言。

10.10 吃饭时、睡觉前不说话。

【译文】

吃饭的时候不说话，睡觉前也不说话。

三、日常礼仪

10.11 虽疏食菜羹①，瓜祭②，必齐③如也。

10.11 餐前必祭。

【译文】

即使是粗米饭蔬菜汤，饭前也要取出一些来祭一祭，而且态度要像斋戒一样恭恭敬敬的。

【注释】

①菜羹：用菜做成的汤。②瓜祭：古人在吃饭前，把席上各种食品分出少许，放在食具之间，祭最初发明饮食的人。《左传》中称为泛祭。③齐：同“斋”。

10.12 席不正①，不坐②。

10.12 座席应端正。

【译文】

座席摆得不端正，不坐。

【注释】

①席不正：古代没有椅子和凳子，都坐在铺于地面的席子上。席不正，指座席摆得歪歪斜斜，不端正。②不坐：面对这种比较随意的做法，孔子并不迁就，而是态度很明确——“不坐”。这体现了孔子在礼节上一丝不苟的认真态度。

10.13 乡人饮酒①，杖者②出，斯出矣。

10.13 尊敬老年人。

【译文】

乡饮酒礼结束后，老年人离席了，自己也就离席。

【注释】

①乡人饮酒：指当时的乡饮酒礼。②杖者：拿拐杖的人，指老年人。

10.14 乡人傩①，朝服而立于阼阶②。

【译文】

乡里人举行驱逐疫鬼的仪式时，穿着朝服站在东边的台阶上。

【注释】

①傩（nuó）：古代迎神以驱逐疫鬼的仪式。②阼（zuò）阶：主人立在大堂东面的台阶，以欢迎客人。阼，东面的台阶。朱熹注曰，“傩虽古礼而近于戏，亦必朝服而临之者，无所不用其诚敬也。”

10.14 以真诚恭敬的态度参与乡里礼仪活动。

四、与人交往重在诚

10.15 问①人于他邦，再拜②而送之。

【译文】

托人问候他国的朋友，要向受托者拜两次送行。

【注释】

①问：问候。②再拜：两次拜礼。

10.15 拜送使者，如同亲见本人。

10.16 康子馈药，拜而受之。曰：“丘未达，不敢尝①。”

【译文】

季康子赠送药品，（孔子）拜谢后接受。说：“我对这药性不是很了解，不敢试服。”

【注释】

①不敢尝：朱熹引杨氏曰，“大夫有赐，拜而受之，礼也。未达不敢尝，谨疾也。必告之，直也。”

10.16 真诚接受别人的心意，但也据实告知自己的想法。

10.17 厩焚。子退朝，曰：“伤人乎？”不问马。

10.17 真诚关心人。

【译文】

马棚失火。先生退朝回来,说:“伤人了吗？”不问马的情况。

五、事奉君主贵在敬

10.18 君赐食，必正席先尝之。君赐腥①，必熟而荐②之。君赐生，必畜之。

侍食于君，君祭，先饭。

10.18 在饮食方面，表示敬意的礼仪规范。

【译文】

国君赐给熟食，一定摆正座席先尝一尝。国君赐给生肉，一定做熟了，先给祖宗上供。国君赐给活物，一定要饲养起来。

侍奉国君同食，国君举行饭前祭礼的时候，自己先吃饭（不吃菜）。

【注释】

①腥：生肉。②荐：供奉。对君主所赐，先供奉祖先，表现了对君主的敬意。

10.19 疾，君视之，东首①，加朝服，拖绅②。

10.19 生病接受君主探视时的礼仪规范。

【译文】

孔子病了，国君来探视，他躺的时候面朝着东边，身上盖上朝服，拖着大带子。

【注释】

①东首：面向东。国君探视，均从东边台阶进入臣下家中。杨伯峻注曰，“东阶就是阼阶，原是主人的位向，但国君自以为是全国的主人，就是到其臣下家中，仍从阼阶上下。”孔子面朝东迎接，体现了对君主的敬意。②绅：束在腰间的大带子。

10.20 君命召，不俟驾行矣。

【译文】

国君召见，不等车马驾好就先步行走去了。

10.20 受到君主召见时，希望尽快赶到的急迫心情就是敬意的最好体现。

10.21 入太庙，每事问。

【译文】

进入太庙，对每件事情都要请教。

10.21 “每事问”，体现了极度的谨慎和恭敬。

六、朋友相交注重义

10.22 朋友死，无所归，曰：“于我殡①。”

【译文】

朋友死了，没有人敛埋，先生说：“丧事由我来办吧。”

【注释】

①殡：停放灵柩和埋葬都可以叫殡，这里泛指丧葬事务。

10.22 与朋友交，注重义。

10.23 朋友之馈，虽车马，非祭肉，不拜。

【译文】

朋友馈赠物品，即使是车马等贵重物品，只要不是祭肉，也是不拜的。

10.23 与朋友交，不重钱财。

七、日常行为礼仪因时因事而异

10.24 寝不尸，居不客。

【译文】

睡觉时不像死尸一样挺着（僵硬而不顾容仪），平日家居也不像做客或接待客人时那样庄重严肃。

10.24 居家神态舒展自然。

10.25 见齐衰①者，虽狎②，必变。见冕者与瞽者③，虽亵④，必以貌。

凶服⑤者式⑥之。式负版者⑦。

有盛馔⑧，必变色而作⑨。

迅雷风烈必变。

10.25 在特殊情况下，神色要变得庄重，以示同情、尊重、感谢、敬畏等态度。

【译文】

看见穿丧服的人，即使关系很亲密，态度也一定变得严肃。看见身着礼服的贵族和盲人，即使熟悉，也一定表现得有礼貌。

乘车时遇见送丧服的人，便身体微俯，手扶横木，以示同情。遇见背负国家图籍的人，也这样做，以示敬意。

做客时，如有丰盛的筵席，神色就变得庄重，并站起致谢。

遇见迅雷大风，神色也一定变得庄重，以示对上天的敬畏。

【注释】

①齐（zī）衰（cuī）：指丧服。②狎（xiá）：亲近。③瞽者：盲人。④亵（xiè）：常见、熟悉。⑤凶服：丧服。⑥式：同“轼”，古代车辆前部的横木。这里作动词用，意为身子微俯，手扶横木。遇见地位高的人或其他人时，乘车者身子向前微俯，手扶横木，以示尊敬或者同情。这在当时是一种礼节。⑦负版者：背负国家图籍的人。当时无纸，用木版来书写，故称“版”。⑧馔（zhuàn）：饮食。盛馔，盛大的宴席。⑨作：站起来。

10.26 升车，必正立，执绥①。

车中，不内顾②，不疾言③，不亲指④。

10.26 乘车时，要注意礼仪。

【译文】

上车时，一定先端正站好，然后拉着扶手带上车。

在车上，不回头，不快速说话，不用自己的手指指点点。

【注释】

①绥（suí）：上车时扶手用的索带。②内顾：回头看。③疾言：快速说话。④不亲指：不用自己的手指指点点。

结语：时哉时哉

10.27　色斯举矣①，翔而后集②。曰："山梁雌雉③，时哉时哉④！"子路共⑤之，三嗅⑥而作。

【译文】

一群野鸟突然飞向空中，盘旋了一会儿，然后落下重新聚在一起。先生说："山梁上的野母鸡（进退都合乎礼仪。人类社会却礼崩乐坏）。这个时代呀，这个时代呀！"子路一挥手，野鸡振了几下翅膀，都飞走了。

【注释】

①色斯举矣：色，鸟羽毛的颜色，代指鸟。举，飞起来。②翔而后集：飞翔一阵，然后落下重新聚在一起。③山梁雌雉：山梁上的野母鸡。④时哉时哉：这个时代呀。孔子叹息，连野母鸡都知道进退之道，而这个时代的人类社会却礼崩乐坏。⑤共：同"拱"，文中意为挥手。⑥嗅：当作狊（jú），张两翅之貌。

10.27　现实中，连山梁上的野母鸡都懂得进退的礼仪，而人类社会却礼崩乐坏。孔子对礼仪之道融会贯通、身体力行，却不被社会认可，没有机会实施治国理想，只能空叹"时哉时哉"。

先进篇第十一

师生之谊

引言：先进贤才，国之栋梁

11.1　子曰："先进①于礼乐，野人②也；后③进于礼乐，君子④也。如用之，则吾从先进。"

【译文】

先生说："先学习礼乐而后做官的，是没有爵禄的平民；先有了爵禄再学习礼乐的，是贵族的子弟。如果要选用人才，我主张选用先学习礼乐的人。"

【注释】

①先进：先，在做官之前。进，指学习。②野人：在野的平民，即无爵无禄的人。③后：在取得爵禄之后。④君子：指卿、士大夫等贵族。

11.1　掌握了礼乐文化的平民子弟，是国家应该重用的人才。

一、众弟子各有所长

11.2　子曰："从我于陈、蔡①者，皆不及门②也。"

【译文】

先生说："曾跟随我在陈、蔡之地受困的学生，都不在我身边了。"

【注释】

①陈、蔡：《史记·孔子世家》记载，孔子曾在陈、蔡之间滞留，但未被两国使用。楚国听说后，使人聘孔子。陈、蔡大夫担心孔子熟知陈、蔡官员之非，若楚国用孔子，不利于陈、

11.2　孔子对曾经共同经历困境的弟子们极为想念。

蔡主事大夫，于是指使人将孔子包围，绝粮7天，许多学生饿得不能行走。后子贡至楚，楚昭王兴师迎孔子，才得以离开。②门：指设家塾教育弟子的地方。

11.3　德行：颜渊，闵子骞，冉伯牛，仲弓。言语：宰我，子贡。政事：冉有，季路。文学：子游，子夏。

11.3　诸位弟子各有所长。

【译文】

德行优秀的：颜渊，闵子骞，冉伯牛，仲弓。善于辞令的：宰我，子贡。擅长政事的：冉有，季路。通晓文献知识的：子游，子夏。

11.4　子曰："回也，非助我①者也，于吾言无所不说。"

11.4　颜回最为好学。

【译文】

先生说："颜回不是对我有帮助的人，他对我说的话没有不心悦诚服的。"

【注释】

①助我：如子夏以"巧笑倩兮"等相问，对孔子有所启发。颜回对老师之言默识心通，无所疑问，故对老师没有什么帮助。孔子此话中好像有些遗憾，实际上透出深深喜爱之情。

11.5　子曰："孝哉，闵子骞①！人不间②于其父母昆③弟之言。"

11.5　闵子骞极孝。

【译文】

先生说："闵子骞真是孝顺呀！因为他的孝行，人们没有批评他的父母兄弟的言论。"

【注释】

①闵子骞：为人极孝。据《韩诗外传》记载，"子骞早丧母，父娶后妻，生二子。疾恶子骞，以芦花衣之。父察之，欲逐后母。子骞曰：'母在一子寒，母去三子单。'父善之而止，母悔改之，遂成慈母。"②间：非难、挑剔。③昆：兄长。

11.6 南容三复白圭①，孔子以其兄之子妻之。

11.6 南容谨慎修德。

【译文】

南容反复诵读“白圭之玷，尚可磨也；斯言之玷，不可为也”的诗句。孔子把侄女嫁给了他。

【注释】

①白圭：指《诗经·大雅·抑之》的诗句：“白圭之玷，尚可磨也；斯言之玷，不可为也。”意思是，白玉上的污点还可以磨掉，言语中的毛病，就无法挽回了。这是告诫人们要谨慎自己的言语。朱熹引范氏曰，“言者行之表，行者言之实，未有易其言而能谨于行者。南容欲谨其言如此，则必能谨其行矣。”

二、孔子对弟子感情深厚

11.7 季康子问：“弟子孰为好学？”孔子对曰：“有颜回者好学，不幸短命死矣，今也则亡。”

11.7 颜回在孔子心中的地位不可替代。

【译文】

季康子问孔子：“你的学生中，谁能算得上是好学的？”孔子回答说：“有一个叫颜回的学生很好学，不幸短命死了。现在再也没有算得上好学的了。”

11.8 颜渊死，颜路①请子之车以为之椁②。子曰：“才不才，亦各言其子也。鲤③也死，有棺而无椁。吾不徒行以为之椁，以吾从大夫之后④，不可徒行也。”

11.8 但是，孔子不同意卖车为颜渊办椁。（是不是孔子对颜渊感情还不够深呢？）

【译文】

颜渊死了，他父亲颜路请求孔子卖掉车子，给颜渊置办个椁。先生说：“（虽然颜渊和孔鲤）一个有才一个无才，但终归是自己的儿子。孔鲤死的时候，也是有棺无椁。我没有卖掉自己的车子而给他买椁，是因为我曾做过大夫，不可以步行的。”

【注释】

①颜路：孔子弟子，姓颜名无繇，字路，颜渊的父亲，比孔子小 6 岁。②椁（guǒ）：古人棺材，内为棺，外为椁。③鲤：孔子的儿子，字伯鱼，死时 50 岁，那时孔子 70 岁。④从大夫之后：跟随在大夫们的后面，意即当过大夫，是自谦的说法。

11.9　颜渊死。子曰：“噫！天丧予！天丧予！”

【译文】

颜渊死了，先生说：“唉！老天爷真是要我的命呀！老天爷真是要我的命呀！”

11.9　颜渊死，孔子极为悲伤。

11.10　颜渊死，子哭之恸①。从者曰：“子恸矣！”曰：“有恸乎？非夫人②之为恸而谁为？”

【译文】

颜渊死，先生哭得极其悲痛。跟随的人说：“您真的伤心了！”先生说：“真伤心吗？我不为这个人伤心，还为谁伤心呢？”

【注释】

①恸（tònɡ）：极其悲痛。②夫（fú）人：这个人，此处指颜渊。

11.10　颜渊死，孔子悲恸得无以复加。

11.11　颜渊死，门人欲厚葬①之。子曰：“不可。”

门人厚葬之。子曰：“回也视予犹父也，予不得视犹子也。非我也，夫二三子也。”

【译文】

颜渊死了，弟子们想要隆重地安葬他。先生说：“不可以。”

弟子们仍然隆重地安葬了他。先生说：“颜渊把我当父亲一样看待，我却不能把他当亲生儿子一样看待。这不是我的想法，是那些学生们干的呀。”

【注释】

①厚葬：隆重地安葬。置备丧具，要与家庭经济状况相称。家贫而厚葬，不合道理。故孔子制止。实际上，孔子的真实想法是，

11.11　孔子将颜渊视同自己的儿子，所以不同意厚葬颜渊。

回顾 8 ～ 11 章，孔子完全把颜渊当作自己的亲生儿子一样对待：不办椁、俭朴办丧事以及发自内心的悲痛。

将颜渊比照孔鲤来安葬，以体现他视颜渊如亲生儿子一样的深厚感情。

11.12　季路问事鬼神。子曰："未能事人，焉能事鬼？"曰："敢①问死。"曰："未知生，焉知死？"

【译文】

季路问怎样事奉鬼神。先生说："没能事奉好人，怎么能事奉鬼呢？"季路说："请问死是怎么回事？"说："还不知道活着的道理，怎么能知道死的道理呢？"

【注释】

①敢：表示敬意的副词，无实际意义。《仪礼·士虞礼》郑玄注："敢，冒昧之词。"贾公彦《疏》云："凡言'敢'者，皆足以卑触尊不自明之意。"

11.12　对其他弟子，孔子同样感情极深。

本章意，子路曾经问到死，孔子未回答。

11.13　闵子侍侧，訚訚①如也；子路，行行②如也；冉有、子贡，侃侃③如也。子乐，"若由也，不得其死然。"

【译文】

闵子骞侍立在旁，显得谦和而恭敬；子路一副雄赳赳气昂昂的样子；冉有、子贡显得从容不迫。孔子看到子路的样子笑了，调侃道："像仲由这样，只怕不得善终吧！"

【注释】

①訚訚（yín）：谦和而恭敬的样子。②行行（hàng）：刚强无畏的样子。③侃侃：从容不迫的样子。

11.13　孔子见子路走到哪儿都是一副雄赳赳气昂昂的样子，所以调侃他可能不得善终。

11.14　鲁人①为长府②。闵子骞曰："仍旧贯③，如之何？何必改作？"子曰："夫人不言，言必有中。"

【译文】

鲁国大臣打算翻修国库。闵子骞说："就沿袭老样子，不好吗？何必改建呢？"先生说："这人平日不大说话，一说话就说到要害上。"

11.14　本章重点在"言必有中"。孔子以前曾调侃子路不得善终。而在鲁哀公十五年，子路

【注释】

①鲁人：指鲁国的执政大臣。②为长府：为，改建。藏财货、兵器等的仓库叫“府”，长府是鲁国的国库名。③仍旧贯：沿袭老样子。贯，例。

死于卫国蒯聩蒯辄父子争位之乱。对子路之死，孔子也“言必有中”。每念及此，孔子心中该是多么懊悔和悲伤。

三、孔子非常关注弟子们的品性修养

11.15 子曰：“由之瑟①奚为于丘之门②？”门人不敬子路。子曰：“由也升堂矣，未入于室③也。”

【译文】

先生说：“仲由弹瑟，为什么在我这里弹呢？”学生们因此瞧不起子路。先生说：“仲由的修养已经不错了，只是还不够精深而已。”

【注释】

①瑟（sè）：一种古乐器，与古琴相似。《孔子家语》云，“子路鼓瑟，有北鄙杀伐之声。”可能子路刚勇，瑟声亦然，故孔子不喜其音调。②奚为于丘之门：为什么在我孔丘这里弹呢？奚，为什么。③升堂、入室：堂是正厅，室是内室。先入门，再升堂，最后入室，表示学习程度由浅入深的几个阶段。

11.15 子路过于刚勇，属于“升堂而未入室”。

11.16 子贡问：“师与商①也孰贤？”子曰：“师也过，商也不及。”曰：“然则师愈②与？”子曰：“过犹不及。”

【译文】

子贡问：“子张和子夏二人谁更贤明些？”先生说：“子张呢，有些过了；子夏呢，尚达不到。”子贡说：“那么是子张更好一些吗？”先生说：“过度和不及是一样的。”

11.16 子张和子夏，过与不及，都属“升堂而未入室”。

【注释】

①师与商：师，颛（zhuān）孙师，即子张。商，卜商，即子夏。②愈：胜过，更强些。

11.17　季氏富于周公①，而求也为之聚敛②而附益③之。子曰："非吾徒也④。小子鸣鼓而攻之，可也。"

【译文】

季氏比周朝的公侯还要富有，而冉求还帮他聚敛以增加他的钱财。先生说："他不是我的学生。你们可以大张旗鼓地声讨他！"

【注释】

①周公：周朝的公侯。②聚敛：积聚和收敛钱财。据《左传》记，哀公十一年和十二年间，季氏欲用田赋制度，增加赋税，并让冉求征求孔子意见。孔子主张"施取其厚，事举其中，敛从其薄"。但冉求仍听从季氏，实行了田赋制度。③附益：增加。④非吾徒也：这是对冉求的批评之语，但不可僵化理解。孔子并非将冉求逐出师门，而是爱之深、责之切，希望其他弟子共同帮助冉求认识错误，及时改正。

11.17　孔子虽然批评冉求，但冉求的修养还是很高的，属于"升堂而未入室"。

11.18　柴①也愚②，参也鲁③，师也辟④，由也喭⑤。

【译文】

高柴愚直，曾参迟钝，颛孙师偏激，仲由鲁莽。

【注释】

①柴：孔子弟子，姓高名柴，字子羔，比孔子小30岁。②愚：知不足而厚有余。③鲁：迟钝。④辟（pì）：偏激。⑤喭（yàn）：鲁莽，刚猛。

11.18　高柴、曾参、颛孙师、仲由各因其不足，而属"升堂而未入室"。

11.19　子曰："回也其庶①乎，屡空②。赐不受命，而货殖③焉，亿④则屡中。"

【译文】

先生说："颜回的学问道德接近于完善了，可他常常陷于贫

11.19　子贡经商才能很高，但修养也属"升堂而未入室"。

困。端木赐不安分，去做买卖赚钱，猜测行情，往往能猜中。”

【注释】

①庶：庶几，相近，差不多。指颜渊的学问道德接近于完善。②空：贫困、匮乏。③货殖：做买卖赚钱。④亿：同“臆”，猜测，估计。

11.20　子张问善人①之道。子曰：“不践迹②，亦不入于室。”

【译文】

子张问善人行事的方法。先生说：“不完全因循成例（而会有所改进），但学问修养、行事水平不够精进。”

【注释】

①善人：指明辨是非，一心向善的人。②践迹：踩着前人的脚印走。迹，脚印。

11.20　总结15～19章，以上学生践行的是善人之道，行事方法比他人有所改善，但还达不到仁德的水平。

四、师生诚恳相交

11.21　子曰：“论笃是与①，君子者乎，色庄者乎？”

【译文】

先生说：“对忠诚恳切的言论表示赞许的人，是君子呢，还是只是表面上态度庄重的人呢？”

【注释】

①论笃是与：这是“与论笃”的倒装形式，“是”是帮助倒装的词。意为对忠诚恳切的言论表示赞许的人。论，言论。笃，忠诚恳切，不虚伪。与，赞许、推许。

11.21　忠诚恳切，应发自内心，而不能只是外表庄重。

11.22　子路问：“闻斯行诸？”子曰：“有父兄在，如之何其闻斯行之？”

冉有问：“闻斯行诸？”子曰：“闻斯行之。”

公西华曰：“由也问‘闻斯行诸’，子曰‘有父兄在’；

11.22　老师如父兄般对待各位弟子，因材施教，忠诚恳切。

求也问‘闻斯行诸’，子曰‘闻斯行之’。赤也惑，敢问。”子曰：“求也退，故进之；由也兼人①，故退之。”

【译文】

子路问：“听到了就做吗？”先生说：“有父兄在，怎么能听到就做呢？”

冉有问：“听到了就做吗？”先生说：“听到了就做。”

公西华说：“仲由问‘听到了就做吗？’您说‘有父兄在’；冉求问‘听到了就做吗？’您却说‘听到了就做’。我被弄糊涂了，大胆再问个明白。”先生说：“冉求过于谨慎，所以要适当鼓励；仲由有些鲁莽，所以要适当约束。”

【注释】

①兼人：鲁莽。

11.23 子畏于匡，颜渊后。子曰：“吾以女为死矣。”曰：“子在，回何敢死？”

【译文】

先生在匡地被囚，颜渊最后才逃出来。先生说：“我以为你已经死了呢。”颜渊说：“您还在，我怎么敢死呢？”

11.23 弟子对老师的感情发自肺腑。

11.24 季子然①问：“仲由、冉求可谓大臣与？”子曰：“吾以子为异之问，曾②由与求之问。所谓大臣者，以道事君，不可则止。今由与求也，可谓具臣③矣。”

曰：“然则从之④者与？”子曰：“弑父与君，亦不从也。”

【译文】

季子然问：“仲由和冉求可算是大臣吗？”先生说：“我以为你是问别人，原来是问由和求呀。所谓大臣，是以仁德之道事奉君主，如果行不通，宁肯离开。现在由和求，只能算充数的臣子罢了。”

季子然说：“那么他们会一切都听季氏的吗？”先生说：“杀父亲、杀君主的事，他们是不会跟着干的。”

11.24 老师深知弟子品性，并直言不讳。（此处孔子对子路、冉求的评论，与第15章、第17章中对二人“升堂而未入室”的评价是一致的。）

【注释】

①季子然：鲁国季氏的同族人。②曾：乃。③具臣：占位充数的臣子。④之：代名词，这里指季氏。当时仲由和冉求都是季氏的家臣。

11.25　子路使子羔为费宰。子曰："贼①夫人之子②。"

子路曰："有民人焉，有社稷③焉，何必读书，然后为学？"

子曰："是故恶④夫佞者。"

11.25　对弟子的批评教诲，透过问题表象，直击品性缺点，丝毫不留情面。

【译文】

子路让子羔去做费地的长官。先生说："这简直是害人子弟。"

子路说："有百姓，有社稷，（治理百姓和祭祀神灵都是学习）难道一定要读书才算学习吗？"

先生说："所以我讨厌那种花言巧语、强词夺理的人。"

【注释】

①贼：害。②人之子：指子羔。孔子认为他没有经过很好的学习就去从政，这会害了他。③社稷：社，土地神。稷，谷神。这里"社稷"指祭祀土地神和谷神的地方，即社稷坛。古代国都及各地都设立社稷坛，分别由国君和地方长官主祭，故社稷成为国家政权的象征。④恶（wù）：讨厌。

结语：畅谈治国之志

11.26　子路、曾皙①、冉有、公西华侍坐。

子曰："以吾一日长乎尔，毋吾以也②。居③则曰：'不吾知也！'如或知尔，则何以哉④？"

子路率尔⑤而对曰："千乘之国，摄⑥乎大国之间，加之以师旅，因之以饥馑，由也为之，比及⑦三年，可使有勇，且知方⑧也。"

11.26　一幅孔子与弟子们畅谈治国志向的画卷。

与引言呼应。再次点明，这些志向远大并

夫子哂[9]之。

"求，尔何如？"

对曰："方六七十[10]，如[11]五六十，求也为之，比及三年，可使足民。如其礼乐，以俟君子。"

"赤，尔何如？"

对曰："非曰能之，愿学焉。宗庙之事[12]，如会同[13]，端章甫[14]，愿为小相[15]焉。"

"点，尔何如？"

鼓瑟希[16]，铿尔，舍瑟而作[17]。对曰："异乎三子者之撰。"

子曰："何伤乎？亦各言其志也。"

曰："莫[18]春者，春服既成，冠者[19]五六人，童子六七人，浴乎沂，风乎舞雩[20]，咏而归。"

夫子喟然叹曰："吾与点也！"

三子者出，曾皙后。曾皙曰："夫三子者之言何如？"

子曰："亦各言其志也已矣。"

曰："夫子何哂由也？"

曰："为国以礼，其言不让，是故哂之。"

"唯求则非邦也与？"

"安见方六七十如五六十而非邦也者？"

"唯赤则非邦也与？"

"宗庙会同，非诸侯而何？赤也为之小，孰能为之大？"

【译文】

子路、曾皙、冉有、公西华四人陪孔子坐。

先生说："我年龄比你们大一些，不要因为我年长而不敢说话。你们平时总说，'没有人了解我！'假如有人了解你们，那你们要怎样去做呢？"

子路不假思索地答道："一个拥有一千辆兵车的国家，夹在大国中间，外面受到别的国家侵犯，国内又闹饥荒，让我去治理，只要三年，就可以使人们勇敢善战，而且懂得道理。"

掌握了治国本领的平民子弟，是国家的栋梁之材。

先生听后，微微一笑。

“冉求，你怎么样呢？”

冉求答道：“国土有六七十里或五六十里见方的国家，让我去治理，三年以后，就可以使百姓饱暖。至于礼乐教化，就要等贤人君子了。”

先生又问：“公西赤，你怎么样？”

公西赤答道：“我不敢说能做到，但是我愿意学习。在宗庙祭祀的活动中，或者在同别国的盟会中，我愿意穿着礼服，戴着礼帽，做一个小小的司仪。”

先生又问：“曾点，你怎么样呢？”

曾皙弹瑟的声音逐渐放慢，接着“铿”的一声，离开瑟站起来。回答说：“我想的和他们三位说的不一样。”

先生说：“那有什么关系呢？也就是各人讲自己的志向而已。”

曾皙说：“暮春三月，已经穿上春天的衣服了，我和五六位成年人，六七个少年，去沂（yí）河里洗洗澡，在舞雩台上吹吹风，一路唱着歌走回来。”

先生长叹一声说：“我和曾点的想法一样。”

子路、冉有、公西华三个人都出去了，曾皙落在后面。他问先生：“他们三人的话怎么样？”

先生说：“也就是各自谈谈自己的志向罢了。”

曾皙说：“夫子为什么要笑仲由呢？”

先生说：“治理国家要讲礼让，可是他说话一点也不谦让，所以我笑他。”

曾皙又问：“那么冉求讲的不算是治理国家吧？”

先生说：“怎么能说六七十里或五六十里见方的地方就不是国家呢？”

曾皙又问：“公西赤讲的不算是治理国家吧？”

先生说：“宗庙祭祀和诸侯会盟，这不是诸侯的事又是什么？像赤这样的人如果只能做一个小相，那谁又能做大相呢？”

【注释】

①曾皙：孔子弟子，姓曾名点，字子皙，曾参的父亲，生卒年月不详。②毋吾以也：不要因我（年龄稍长）而有顾虑。③居：平日，平常。④则何以哉：何以，即何以为用。⑤率尔：轻率、急切。⑥摄：迫于、夹于。⑦比及：等到。⑧方：方向，道理。⑨哂（shěn）：讥讽地微笑。⑩方六七十：长宽各六七十里。⑪如：或者。⑫宗庙之事：指祭祀之事。⑬会同：诸侯会见。⑭端章甫：端，古代礼服的名称。章甫，古代礼帽的名称。⑮相（xiàng）：赞礼人，司仪。⑯希：同“稀”，指弹瑟的速度放慢，节奏逐渐稀疏。⑰作：站起来。⑱莫：同“暮”。⑲冠者：成年人。古人到20岁时行冠礼，表示已经成年。⑳舞雩（yú）：用跳舞的方式祈雨。此处指祭天求雨的地方，在今山东曲阜。雩，祈雨的祭祀。

颜 渊 篇 第 十 二

克己复礼

引言：克己复礼为仁

12.1　颜渊问仁。子曰："克己复礼①为仁。一日克己复礼，天下归仁②焉。为仁由己，而由人乎哉？"

颜渊曰："请问其目③。"子曰："非礼勿视，非礼勿听，非礼勿言，非礼勿动。"

颜渊曰："回虽不敏，请事④斯语矣。"

【译文】

颜渊问仁。先生说："战胜和超越自己，恢复礼的精神，就是仁。一天超越自己恢复礼的精神，天下就归于仁了。实行仁德完全在于自己，难道还在于别人吗？"

颜渊说："请问具体要求。"先生说："不合于礼的精神的不看，不合于礼的精神的不听，不合于礼的精神的不说，不合于礼的精神的不做。"

颜渊说："我虽愚钝，也要照您说的话去做。"

【注释】

①克己复礼：克，战胜。克己，战胜和超越自己。复礼，恢复礼的精神。②归仁：归，归顺。仁，仁道。如果说，"仁"是修身治国所要达到的目标，那么"礼"就是通向这一目标的路径。对于居上位者而言，其所视、所听，体现了舆论的导向，直接关系到民风、社风走向；其所言、所动，体现了施政的思路，直接关系到政令的制定和实施。即使执政者仅仅在一天的时间里做到"克己复礼"，天下百姓就能感受到政风社风和国家的施

12.1　战胜和超越自己，恢复礼的精神，就是仁。恢复礼的精神，要从日常生活中的视、听、言、动等行为做起。克己复礼由己，故为仁亦由己。

政目标指向了仁德，自然会调整思想和行为，共同朝着仁德的目标努力。所以说，“一日克己复礼，天下归仁焉”。③目：具体的条目，与“纲”相对。④事：实行，实践。

一、礼的内涵（综述）

12.2 仲弓问仁。子曰：“出门如见大宾，使民如承大祭。己所不欲，勿施于人。在邦无怨，在家无怨。”

仲弓曰：“雍虽不敏，请事斯语矣。”

【译文】

仲弓问仁。先生说：“出门办事如同去会见贵宾，安排百姓劳作如同去举行重大的祭祀。自己不愿意接受的，不要强加于别人。做到朝廷中无人怨恨自己，封地里的百姓也无人怨恨自己。”

仲弓说：“我虽然愚钝，也要照您的话去做。”

12.2 礼的内涵，一是态度端正。出门如见大宾，使民如承大祭。己所不欲，勿施于人。

12.3 司马牛①问仁。子曰：“仁者，其言也讱②。”

曰：“其言也讱，斯谓之仁已乎？”子曰：“为之难，言之得无讱乎？”

【译文】

司马牛问仁。先生说：“仁德的人，说话谨慎。”

司马牛说：“说话谨慎，这就是仁了吗？”先生说：“做起来很难，说起来能不谨慎吗？”

【注释】

①司马牛：孔子弟子，姓司马名耕，字子牛。②讱（rèn）：话难说出口，引申为说话谨慎。

12.3 二是言语谨慎。常思“为之难”，言语自然要谨慎。

12.4 司马牛问君子。子曰：“君子不忧不惧①。”

曰：“不忧不惧，斯谓之君子已乎？”子曰：“内省不疚②，夫何忧何惧？”

12.4 三是内心不忧不惧。内省不疚，方可不忧不惧。

【译文】

司马牛问君子。先生说："君子不忧虑，不恐惧。"

司马牛说："不忧虑，不恐惧，这就是君子了吗？"先生说："自我反省而无愧疚，那还忧虑什么、恐惧什么呢？"

【注释】

①不忧不惧：据说司马牛是宋国大夫桓魋（tuí）的弟弟。桓魋在宋国"犯上作乱"，遭到宋国当权者的打击，全家被迫出逃。司马牛逃到鲁国，拜孔子为师，但心中常怀忧惧。②疚（jiù）：惭愧。

12.5 司马牛忧曰："人皆有兄弟，我独亡①。"子夏曰："商闻之矣，'死生有命，富贵在天'。君子敬而无失，与人恭而有礼。四海之内，皆兄弟也。君子何患乎无兄弟也？"

12.5 四是待人恭敬有礼。

【译文】

司马牛忧虑地说："别人的兄弟都平平安安的，唯独我的兄弟却危在旦夕。"子夏说："我听说过，'死生有命，富贵在天'。君子待人，内心时刻保持应有的敬意，与人交往恭而有礼，那么天下人都是自己的兄弟。君子何愁没有兄弟呢？"

【注释】

①人皆有兄弟，我独亡：有，动词，保有。亡，动词，失去。

12.6 子张问明。子曰："浸润之谮①，肤受之愬②，不行焉，可谓明也已矣。浸润之谮，肤受之愬，不行焉，可谓远也已矣。"

12.6 五是明智而有远见。能够识破谗言和诽谤，保持客观公正的立场，就算得上明智而有远见了。

【译文】

子张问明智。先生说："像水那样渐渐浸渍的谗言，像切肤之痛那样直接的诽谤，在你那里都行不通，那你可以算是明智了。暗中挑拨的坏话和直接的诽谤，在你那里都行不通，那你可以算是有远见了。"

【注释】

①浸润之谮（zèn）：像水那样渐渐浸渍的谗言。谮，谗言。②肤受之愬(sù)：像皮肤感觉到疼痛那样的直接诬告。愬，诬告。

12.7 子贡问政。子曰："足食，足兵，民信之矣。"

子贡曰："必不得已而去，于斯三者何先？"曰："去兵。"

子贡曰："必不得已而去，于斯二者何先？"曰："去食。自古皆有死，民无信不立①。"

【译文】

子贡请教治理国家的根本。先生说，"粮食充足，军备充足，百姓信任国家。"

子贡说："如果不得不去掉一项，那么这三项中先去掉哪一项呢？"先生说："去掉军备。"

子贡说："如果不得不再去掉一项，那么这两项中去掉哪一项呢？"先生说："去掉粮食。自古以来人总是要死的，但如果老百姓不信任国家，那么他们即使活着，也不会承担起应有的责任（不会服务于这个国家，更不会保卫这个国家）。"

【注释】

①民无信不立：这是一句非常重要的政治箴言。治国之要，在于使百姓信任国家，相信国家是爱护百姓、以民为本的。如果百姓对国家没有信心，那么即使有军队，战斗力也不会高，即使有粮食，百姓也不会理会国家的生死存亡。反之，如果百姓对国家有信心，即使无军队，也能组成军队，即使无粮食，百姓也会拼死保卫国家。立，笔直地站立，意为承担起应有的责任。

12.7 六是受到百姓信任。

2～7章，从态度、言语，做事、待人，施政、治国，层层递进阐述礼的内涵。

12.8 棘子成①曰："君子质而已矣，何以文为？"子贡曰："惜乎夫子之说君子也！驷不及舌②。文犹质也，质犹文也。虎豹之鞟③犹犬羊之鞟。"

12.8 礼与仁是统一的。礼是仁的外在表现，仁

【译文】

棘子成说："君子具有好的品质就行了，要那些礼仪干什么呢？"子贡说："真遗憾，夫子您这样谈论君子。即使有四马骏足，也不能把您的失言追回。文采是本质的外在表现，本质是文采的内在根源（两者是统一的，是一体的两面）。去掉了毛的虎皮、豹皮，就如同去掉了毛的犬皮、羊皮一样。"

【注释】

①棘子成：卫国大夫。古代大夫都可以被尊称为夫子，所以子贡这样称呼他。②驷不及舌：指话一说出口，就收不回来了。驷，拉一辆车的四匹马。③鞟（kuò）：去掉毛的皮。

是礼的内在本质。没有礼，仁就无法体现。不能重仁轻礼。

二、态度端正（内涵一）

12.9　哀公问于有若曰："年饥，用不足，如之何？"

有若对曰："盍彻乎①？"

曰："二②，吾犹不足，如之何其彻也？"

对曰："百姓足，君孰与不足？百姓不足，君孰与足？"

【译文】

鲁哀公问有若："遭了饥荒，国家用度困难，怎么办？"

有若回答说："为什么不实行十分之一的税率制度呢？"

哀公说："现在收十分之二的税，我还不够用，怎么能只收十分之一呢？"

有若说："如果百姓的用度够，您的用度怎么会不够呢？如果百姓的用度不够，您的用度又怎么会够呢？"

【注释】

①盍彻乎：盍，何不。彻，西周时期一种田税制度，即按十分之一的税率收税。②二：按十分之二的税率收税。

12.9　君主如果认识到"百姓足，君孰与不足？百姓不足，君孰与足？"做到以民为先、以民为本，对待百姓的态度就端正了。

12.10 子张问崇德①辨惑②。子曰："主忠信，徙义③，崇德也。爱之欲其生，恶之欲其死。既欲其生，又欲其死，是惑也。'诚不以富，亦只以异④。'"

【译文】

子张请教怎样提高道德修养和辨别是非迷惑。先生说："思想上以忠信为宗旨，行为上向义的要求靠拢，道德修养就提高了。爱一个人，就希望他长命百岁，厌恶起来恨不得他马上死去。既希望他活，又希望他死，就是迷惑。'这的确不是财富多少的问题，而是你的内心偏离了道德的要求。'"

【注释】

①崇德：以德为崇，即提高道德修养。②惑：迷惑。③徙义：向义靠拢。徙，迁移。④诚不以富，亦只以异：这是《诗经·小雅·我行其野》的最后两句。此诗表现了一个被遗弃的女子对喜新厌旧的丈夫又爱又恨的复杂情绪。古时人们喜欢赋诗言志，引诗往往断章取义。在本章中，可解释为"这的确不是财富多少的问题，而是你的内心偏离了道德的要求"。

12.10 紧接上章。君主之所以在对待百姓的态度上产生迷惑，既欲其生，以供应国家用度，又征高税，使其无法生存，关键不是财富多少的问题，而是内心偏离了道德的要求。只有以忠信为宗旨，以义为准绳，才可辨别是非迷惑，端正对待百姓的态度。

12.11 齐景公①问政于孔子。孔子对曰："君君，臣臣，父父，子子。"公曰："善哉！信如君不君，臣不臣，父不父，子不子，虽有粟，吾得而食诸？"

【译文】

齐景公向孔子请教如何治理国家。孔子答道："君主做君主应做的事，臣子做臣子应做的事，父亲做父亲应做的事，儿子做儿子应做的事。"齐景公说："对！如果君主不做君主应做的事，臣子不做臣子应做的事，父亲不做父亲应做的事，儿子不做儿子应做的事，虽然有粮食，我能吃得上吗？"

【注释】

①齐景公：名杵（chǔ）臼（jiù），齐国国君，公元前 547 —前 490 年在位。

12.11 明确自己的责任和义务，对上对下的态度就端正了。

三、言语谨慎（内涵二）

12.12　子曰：“片言①可以折狱②者，其由也与③？”子路无宿诺④。

【译文】

先生说：“只凭其单方面的供词就可以判决案件的，大概只有仲由吧。”

子路答应过的事情，从来没有久拖不兑现的。

【注释】

①片言：诉讼双方中一方的言辞，古时也叫“单辞”。②折狱：断案。狱，案件。③其由也与：大概只有仲由吧。指仲由的话极为可信，据其单方面言辞即可断案。④宿诺：拖了很久而没有兑现的诺言。宿，有久留的意思。《说文》曰：“宿，止也。”

12.12　言语客观公正，达到可以让人据以判案的程度，可算是慎重了。

12.13　子曰：“听讼①，吾犹人也。必也使无讼②乎！”

【译文】

先生说：“审理诉讼案件，我同别人差不多。重要的是使诉讼案件根本不发生！”

【注释】

①听讼：审理诉讼案件。讼，诉讼。②使无讼：使人们之间没有可诉之事。《大戴礼记·礼察篇》云，“凡人之知，能见已然，不能见将然。礼者，禁于将然之前，而法者禁于已然之后”，“礼云礼云，贵绝恶于未萌，而起信于微眇，使民日从善远罪而不自知也”。

12.13　紧接上章。当然，“无讼”才是治国最高境界。

四、内心不忧不惧（内涵三）

12.14　子张问政。子曰："居之无倦，行之以忠。"

【译文】

子张问如何处理政事。先生说："居于官位不能懈怠，推行政事皆出于忠心。"

12.14　要勤政，做事出于忠心。（本章讲对君）

12.15　子曰："博学于文，约之以礼，亦可以弗畔矣夫！"

【译文】

先生说："广泛地学习文化典籍，再用礼来约束自己，也就可以不背离君子之道了。"

12.15　要学习文化知识，举止守礼。（本章讲对己）

12.16　子曰："君子成人之美，不成人之恶。小人反是。"

【译文】

先生说："君子要成全别人的仁善之举，而不助长别人的恶行。小人则与此相反。"

12.16　要促善抑恶。（本章讲对民）

12.17　季康子问政于孔子。孔子对曰："政者，正也。子帅以正，孰敢不正？"

【译文】

季康子向孔子请教如何管理政务。孔子回答说："执政就是使整个社会行正道。您本人带头行正道，谁敢不行正道呢？"

12.17　总结14～16章。主政者带头行正道，做事出于忠心、举止守礼、促善抑恶，社会自然会行正道，主政者也就可以实现不忧不惧。

12.18　季康子患盗，问于孔子。孔子对曰："苟子之不欲，虽赏之不窃。"

12.18　主政者贪图财利，则必然

【译文】

季康子苦于盗贼猖獗，向孔子请教。孔子回答说："假如您自己不贪图财利，即使奖励偷窃，也没有人偷盗。"

会有盗贼猖獗之忧。

12.19　季康子问政于孔子曰："如杀无道①，以就有道②，何如？"孔子对曰："子为政，焉用杀？子欲善而民善矣。君子之德风，小人之德草。草上之风③，必偃④。"

【译文】

季康子向孔子请教如何处理政事，说："如果杀掉坏人来成全好人，怎么样？"孔子回答说："您治理政事，哪里用得着杀戮的手段呢？您只要想行善道，老百姓就会跟着行善道。居上位者的品德好比风，普通百姓的品德好比草，风向哪边吹，草向哪边倒。"

【注释】

①无道：指无道的人。②有道：指有道的人。③草上之风：指风加之于草。④偃：仆，倒。

12.19　主政者品行不彰，则必然会有无道横行之惧。

五、恭敬有礼（内涵四）

12.20　子张问："士何如斯可谓之达矣？"子曰："何哉，尔所谓达者？"子张对曰："在邦必闻，在家必闻。"子曰："是闻也，非达也。夫达①也者，质直而好义，察言而观色，虑以下人②。在邦必达，在家必达。夫闻③也者，色取仁而行违，居之不疑。在邦必闻，在家必闻。"

【译文】

子张问："士怎样做才可以称为达？"先生说："你说的达是什么意思？"子张答道："在朝廷里有名望，在封地的百姓中也有名望。"先生说："这叫闻，不是达。所谓达，要品性正直，言行遵从道义，善于揣摩别人的话语，观察别人的神情，发自

12.20　待人恭敬有礼，应做到：品性正直，言行遵从道义，善于揣摩别人的话语，观察别人的神情，发自内心地谦恭待人。

内心地谦恭待人。这样的人，在朝廷里和大夫封地的百姓中都可做到通达。至于闻，表面上似乎仁德，但行动却与此相反，自己还以仁人自居而毫不惭愧。这种人，在朝廷里和封地的百姓中都一定会骗取到名望。”

【注释】

①达：通达。指品行受到认可，为人做事通达无碍。②下人：对人谦恭有礼。下，动词，居人之下。③闻：有名望。指不务实而专务求名，虽得虚誉，却品行未达。

六、明智而有远见（内涵五）

12.21 樊迟从游于舞雩之下，曰：“敢问崇德，修慝①，辨惑。”子曰：“善哉问！先事后得②，非崇德与？攻其恶，无攻人之恶，非修慝与？一朝之忿③，忘其身，以及其亲，非惑与？”

【译文】

樊迟陪着孔子在舞雩台下散步，说：“请问怎样提高品德，改正邪念，辨别迷惑？”先生说:“问得好！先做事后考虑回报，不就是提高品德了吗？检讨自己的过错，不去指责别人的过错，不就会改正邪念了吗？由于一时的气愤，就忘记了自身的安危，以至于牵连自己的亲人，这不就是迷惑吗？”

【注释】

①修慝（tè）：意为改正邪恶的念头。修，改正。慝，邪恶的念头。②先事后得：先致力于事，把回报放在后面。此处的“事”，指推行仁德之道；“得”，指得到君主认可而授予官职和俸禄等。③忿：忿怒，气愤。

12.21 一个人能够做到先做事然后考虑回报，检讨自身过错而不指责别人过错，不因一朝之忿而忘记自身安危甚至牵连到亲人，就算是明智而有远见了。

七、受到百姓信任（内涵六）

12.22 樊迟问仁。子曰："爱人。"问知。子曰："知人。"

樊迟未达。子曰："举直错诸枉，能使枉者直。"

樊迟退，见子夏曰："乡①也吾见于夫子而问知，子曰'举直错诸枉，能使枉者直'，何谓也？"

子夏曰："富哉言乎！舜有天下，选于众，举皋陶②，不仁者远③矣。汤④有天下，选于众，举伊尹⑤，不仁者远矣。"

【译文】

樊迟问仁。先生说："爱人。"樊迟问智，先生说："善于识人。"

樊迟还不明白。先生说："选拔使用正直无私的人，把邪恶不正的人废置不用，就能使邪者归正。"

樊迟退出来，见到子夏说："刚才我见到老师，问他什么是智，他说'选拔使用正直无私的人，把邪恶不正的人废置不用，就能使邪者归正'。这是什么意思？"

子夏说："这话说得多么深刻！舜管理天下，从众人中挑选人才，把皋陶选拔出来，不仁的人就远离了。汤管理天下，从众人中挑选人才，把伊尹选拔出来，不仁的人就远离了。"

【注释】

①乡（xiàng）：同"向"，刚才。②皋（gāo）陶（yáo）：传说舜时执掌刑罚的大臣。③远：动词，远离、远去。④汤：商朝的第一个君主，名履，伐夏桀而得天下。⑤伊尹：汤的宰相，曾辅助汤灭夏兴商。

12.22 爱护百姓，并选拔正直无私的人推行这种理念，就能够得到百姓真心的信任。

结语：以文会友，以友辅仁

12.23　子贡问友。子曰：“忠告而善道之，不可则止，毋自辱焉。”

【译文】

子贡问怎样对待朋友。先生说：“（朋友有不对之处），应忠言直告，好好地劝说引导，如果不听就算了，不要自取其辱。”

12.23 与朋友交往，在忠告劝谏时，要以礼为度，避免让人反感。

12.24　曾子曰：“君子以文会友，以友辅仁。”

【译文】

曾子说：“君子通过礼仪文化的形式与朋友交往，通过朋友之间的砥砺促进，提升自己的仁德品质。”

12.24 紧接上章。朋友之间以礼相处，关系融洽，有利于促进道德品质的共同提高。

子路篇第十三

教化于民

引言：施政，以教化为先

13.1　子路问政。子曰："先之，劳之①。"请益②。曰："无倦③。"

【译文】

子路请教怎样管理政务。先生说："把百姓放在最重要的位置，（通过引导和教育）使其勤奋进取。"子路请教进一步怎么做。先生说："不要懈怠。"

【注释】

①先之，劳之：先，与第2章的"先有司"、第3章的"子将奚先"的"先"字同义，指次序在前。"先之"，意为把百姓放在最重要的位置。之，指百姓。劳，使辛苦、使费力，其中有劳力之意，也有加强学习、提高品德之意，故文中译为使百姓勤奋进取。②益：增加。③无倦：不厌倦，不松懈。朱熹引吴氏曰，"勇者喜于有为而不能持久，故以此告之。"

13.1　政务官员应把百姓放在最重要的位置，通过引导和教育，使其勤奋进取。此事应常抓不懈。

13.2　仲弓为季氏宰，问政。子曰："先有司①。赦小过，举贤才。"

曰："焉知贤才而举之？"子曰："举尔所知。尔所不知，人其舍诸②？"

【译文】

仲弓做了季氏的总管，请教怎样管理政务。先生说："把选

13.2　主政之官要重视选拔和管理官吏。要赦小过，举贤才。

拔和管理官吏之事放在重要位置。要赦免小过错，选拔使用贤才。”

仲弓又问：“怎样知道哪些人是贤才而把他们选拔出来呢？”先生说：“选拔你所知道的。至于你不知道的贤才，别人难道会埋没他们吗？”

【注释】

①有司：指负责具体事务的官吏。②诸：“之乎”二字的合音。

13.3 子路曰：“卫君①待子而为政，子将奚②先？”

子曰：“必也正名③乎！”

子路曰：“有是哉，子之迂④也！奚其正？”

子曰：“野哉，由也！君子于其所不知，盖阙⑤如也。名不正，则言不顺；言不顺，则事不成；事不成，则礼乐不兴；礼乐不兴，则刑罚不中⑥；刑罚不中，则民无所措手足。故君子名之必可言也，言之必可行也。君子于其言，无所苟⑦而已矣。”

【译文】

子路说：“如果卫君请您去治理国家，您打算从何做起呢？”

先生说：“必须先正名分。”

子路说：“您真打算这么做吗？太迂腐了吧！这名有什么好正的？”

先生说：“仲由，你太粗野了。君子对于他所不知道的事情，不应随意表态。名分不正，说话就难以合乎情理；说话不合情理，事情就办不成；事情办不成，礼乐就不能兴盛；礼乐不能兴盛，刑罚就难以得当；刑罚不得当，百姓就不知怎么办才好。所以，君子的名分必须能够说得明白，说出来一定能够行得通。君子对于自己所说的话，是不能有一点马虎随便的。”

13.3 对于君主来讲，必须端正君臣、父子之间的名分，为仁德品质奠定基础。这是教化治国的前提。

1～3章，强调各级管理者均应重视教化事宜。不同的管理层级关注重点不同：具体政务官员应关注对百姓的教化；主政之官应关注官员的选拔；君主要高度重视自身品德言行（端正父子之间的名分，是仁德品质

【注释】

①卫君：卫出公蒯辄，卫灵公之孙。其父蒯聩被卫灵公驱逐出国，卫灵公死后，蒯辄继位。蒯聩要回国继承君位，遭到蒯辄拒绝。②奚（xī）：什么。③正名：即端正君臣、父子之间的名分。“孝弟也者，其为仁之本与！”端正父子之间的名分，是孝德的前提，更是仁德品质的基础。朱熹注曰，“是时出公不父其父而祢其祖，名实紊矣，故孔子以正名为先。”④迂：迂腐。⑤阙：同“缺”，空缺。⑥中（zhòng）：正对上，正好合适。⑦苟：随便，马马虎虎。

的前提和基础），使其体现于政策法令之中，也为官吏和百姓做出表率。

一、学习的目的，是治国安民

13.4 樊迟请学稼①。子曰：“吾不如老农。”请学为圃②。曰：“吾不如老圃。”

樊迟出。子曰：“小人哉，樊须也！上好礼，则民莫敢不敬；上好义，则民莫敢不服；上好信，则民莫敢不用情③。夫如是，则四方之民襁④负其子而至矣，焉用稼？”

【译文】

樊迟请求学种庄稼。先生说：“我不如老农。”又请求学种菜。先生说：“我不如老菜农。”

樊迟退了出去。先生说：“樊迟真是个小人。居上位者重视礼，老百姓就不敢不敬畏；居上位者重视义，老百姓就不敢不服从；居上位者重视信，老百姓就不敢不诚恳信实。如果做到这些，四面八方的老百姓就会背着自己的小孩前来投奔，哪里用得着自己去种庄稼呢？”

【注释】

①稼：种植谷物。②圃（pǔ）：种植蔬菜、瓜果的园子，种菜的人。③用情：以真心实情来对待。情，真心实情。④襁（qiǎng）：包婴孩的被、毯等。此处作动词，用布单包。

13.4 学习的目的，不是把自己培养成为一个优秀的百姓，而是要掌握治国安民的仁德之道。

13.5 子曰:“诵《诗》三百，授之以政，不达①;使于四方，不能专对②。虽多，亦奚以为③？”

【译文】

先生说:“熟读《诗经》三百篇，让他处理政务，却办不好;让他当外交使节,也不能独立应对。读得再多,又有什么用呢？”

【注释】

①达：通达，指能够有效运用。诗本人情，学诗，则知百姓期望,明政治得失,故可达于政。②专对:独立应对。诗中言辞，温厚和平，以委婉劝谏讽喻见长，故学诗后可专对于四方。古代使节，接受使命后，即独立行事，不能事事请示，或在国内把一切安排好，此即“受命不受辞”，也就是“专对”。③亦奚以为:以，动词，用。为，表示疑问的语气词，但只跟“奚”“何”等字连用，如“何以伐为”。

13.5 紧接上章。如果只是死记硬背一些知识，却不会应用于治国安民的实践之中，那么这种学习毫无意义。

13.6 子曰：“其身正，不令而行；其身不正，虽令不从。”

【译文】

先生说：“当权者品行端正，即使不发布命令，老百姓也会按道德要求去做；当权者品行不正，即使发布命令，老百姓也不会服从。”

13.6 治国安民的水平，主要取决于主政者的道德品行。

13.7 子曰：“鲁卫之政，兄弟也①。”

【译文】

先生说：“鲁卫两国的政治状况，就像兄弟一样。”

【注释】

①兄弟也：鲁是周公封地，卫是康叔封地。初时，周公康叔二人兄友弟恭，道德教化施于本国，因此两国风气俱善，如兄弟。后来，两国执政者德行不彰，两国风气俱恶，亦如兄弟。

13.7 紧接上章。鲁、卫两国君主道德品行相近，故国家治理情况也相近。

13.8 子谓卫公子荆①,“善居室②。始有,曰‘苟③合④矣。’少有,曰‘苟完矣。’富有,曰‘苟美矣。’”

13.8 主政者不应过于关注个人财富多寡。(应关注什么呢?)

【译文】

先生谈到卫国公子荆,说:“他善于居家过日子。刚开始有一点钱,他说,‘差不多也就够用了。’稍多一点时,他说,‘差不多该有的都有了。’富裕一些时,他说,‘差不多算是完美了’。”

【注释】

①卫公子荆:卫国大夫,字南楚,卫献公的儿子。②善居室:善于居家过日子。③苟:差不多。④合:足够。

13.9 子适卫,冉有仆①。子曰:“庶②矣哉!”

冉有曰:“既庶矣,又何加焉?”曰:“富之。”

曰:“既富矣,又何加焉?”曰:“教之。”

13.9 紧接上章。主政者应高度关注百姓:使百姓多起来,使百姓富起来,然后对百姓进行教化。

【译文】

先生到卫国去,冉有驾车。先生说:“人口真多呀!”

冉有说:“人口已经够多了,还要再做什么呢?”先生说:“使他们富裕起来。”

冉有说:“富裕了以后还要做些什么?”先生说:“对他们进行教化。”

【注释】

①仆:驾车。有时也用作名词,意为驾车者。②庶:众多,这里指人口众多。

二、教化百姓,是治国安民的有效手段

13.10 子曰:“苟有用我者,期月①而已可也,三年有成。”

13.10 孔子实施教化治国,一年即会有起色,三年就会有成效。

【译文】

先生说:“如果有人用我治理国家,一年便可以有起色,三年就会有成效。”

【注释】

①期（jī）月：一年。

13.11 子曰："'善人为邦百年，亦可以胜残去杀①矣。'诚哉是言也！"

【译文】

先生说："'善人治理国家，经过一百年，也就可以消除残暴，免除刑罚杀戮了。'这话说得真对呀！"

【注释】

①胜残去杀：胜残，即转化残暴之人的品性，使其不再为恶。去杀，即百姓淳朴善良，可以不再使用刑杀处罚了。

13.11 如果不以教化治国，善人治国百年，可实现社会大治。

13.12 子曰："如有王者，必世而后仁。"

【译文】

先生说："如果有王者兴起，也一定要三十年才能实现仁政。"

13.12 如果不以教化治国，王者治国三十年，方能将仁道行于天下。

三、施行教化，必从正己做起

13.13 子曰："苟正其身矣，于从政乎何有？不能正其身，如正人何？"

【译文】

先生说："如果端正了自己的品行，管理政事还有什么困难呢？如果不能端正自己的品行，怎能使别人的品行端正呢？"

13.13 端正己身，是施政治国、教化百姓的前提。

13.14 冉子退朝。子曰："何晏①也？"对曰："有政。"子曰："其事也。如有政，虽不吾以，吾其与闻之。"

【译文】

冉求退朝。先生说："为什么回来得这么晚呀？"冉求说："有

13.14 主政者的品行通过具体政务措施传导到社会上，对百姓影

政事。”先生说：“只是一般的事务罢了。如果有政事，虽然我不参与，我也会知道的。”

【注释】

①晏：晚，迟。

响巨大。因此，百姓对政事广泛关注，即使其仅在讨论阶段，社会上仍会有所传闻。

13.15 定公问：“一言而可以兴邦，有诸？”

孔子对曰：“言不可以若是其几①也。人之言曰，‘为君难，为臣不易。’如知为君之难也，不几乎一言而兴邦乎？”

曰：“一言而丧邦，有诸？”

孔子对曰：“言不可以若是其几也。人之言曰，‘予无乐乎为君，唯其言而莫予违也。’如其善而莫之违也，不亦善乎？如不善而莫之违也，不几乎一言而丧邦乎？”

【译文】

鲁定公问：“一句话可以使国家兴盛，有这样的话吗？”

孔子答道:“不可能期望一句话能有如此大的效果。有人说，‘为君难，为臣不易。’如果知道了为君之难，这不近乎一句话可以使国家兴盛吗？”

鲁定公又问：“一句话可以使国家灭亡，有这样的话吗？”

孔子回答说：“一句话不可能有如此大的影响。有人说，‘我做君主并没有什么可高兴的，我所高兴的只在于我所说的话没有人敢于违抗。’如果说得对而没有人违抗，倒还好。如果说得不对而没有人违抗，那不就近乎一句话可以使国家灭亡吗？”

【注释】

①几：期望。与下面的“不几乎”的“几”字，含义有别。

13.15 正己的关键，是要知为君之难，又知如果无人敢违逆君言，国家将面临的危险。

四、教化百姓之道

13.16 叶公问政。子曰："近者说，远者来。"

【译文】

叶公问政。先生说："使接受管理的百姓发自内心地愉悦，使远处的百姓主动前来归附。"

13.16 教化的目标，是使百姓近者悦，远者来。

13.17 子夏为莒父①宰，问政。子曰："无欲速，无见小利。欲速，则不达；见小利，则大事不成。"

【译文】

子夏做莒父宰，请教政务事宜。先生说："不要求快，不要贪图小利。求快反而达不到目的，贪图小利就做不成大事。"

【注释】

①莒（jǔ）父：鲁国的一个城邑，可能在今山东省莒县境内。

13.17 为达到此目标，主政者不能急于见成效，不能贪图小利。

13.18 叶公语孔子曰："吾党有直躬者①，其父攘羊②，而子证③之。"孔子曰："吾党之直者异于是：父为子隐，子为父隐——直在其中④矣。"

【译文】

叶公对孔子说："我家乡有个行为耿直的人，他的父亲偷了人家的羊，他告发了父亲。"孔子说："我家乡行为耿直的人和你讲的不一样：父亲为儿子隐瞒，儿子为父亲隐瞒——耿直就在其中了。"

【注释】

①直躬者：直身而行的人。《说文》曰，"躬，身也。"②攘羊：盗窃羊。③证：《说文》曰，"证，告也。"即告发、检举。④直在其中：真情实感表现于外，即为直。直者内不自欺，外不欺人。

13.18 要大力弘扬孝道。这是构建社会道德秩序的基础。

联系上章。鼓励民众为公德而背伦理道德，即属"见小利"之举。"见小利，则大事不成。"

其父攘羊，依常情其子决不愿事情外扬。父子相隐，虽不合公德，却是伦理真情的体现，故为真直。

13.19　樊迟问仁。子曰：“居处恭，执事敬，与人忠。虽之①夷狄，不可弃也。”

【译文】

樊迟问仁。先生说：“平日待人恭敬有礼，办事时严肃认真，与人交往忠心诚意。即使到了夷狄之地，也不可背弃这些原则。”

【注释】

①之：动词，到。

13.19　要教育百姓待人恭敬有礼，做事严谨认真，相交忠心诚意。

13.20　子贡问曰：“何如斯可谓之士矣？”子曰：“行己有耻，使于四方，不辱君命，可谓士矣。”

曰：“敢问其次。”曰：“宗族称孝焉，乡党称弟焉。”

曰：“敢问其次。”曰：“言必信，行必果，硁硁①然小人哉！抑亦可以为次矣。”

曰：“今之从政者何如？”子曰：“噫！斗筲之人②，何足算也？”

【译文】

子贡问道：“什么样的人可称为士？”先生说：“品德高尚、有羞耻心，出使外国，能够完成君主交付的使命，可以叫作士。”

子贡说：“请问次一等的呢？”先生说：“宗族中的人称赞他孝顺父母，乡里的人称赞他尊敬兄长。”

子贡又问：“请问再次一等的呢？”先生说：“说到一定做到，做事一定见到成果，不问是非只管践行自己的诺言，那是浅薄固执的小人啊。但也可以说是再次一等的士了。”

子贡说：“现在的执政者，您看怎么样？”先生说：“唉！这些器量见识狭小的人，哪里能算得上士呢？”

13.20　紧接上两章。教化百姓，以使其能够做到仁智忠为最上，以做到孝悌为其次。言必信、行必果属小人行径，则更在其下了。

【注释】

①硁硁（kēng）：象声词，敲击石头的声音。这里引申为像石块那样浅薄固执。②斗筲(shāo)之人：比喻器量见识狭小的人。斗，量名，一斗为十升。筲，竹器，能容二升。

13.21　子曰：“不得中行①而与之，必也狂狷②乎！狂者进取，狷者有所不为也。”

13.21　要重视培养百姓进取之心和有所不为之心。

【译文】

先生说：“如果找不到合乎中庸之道的人交往，就与狂狷者交往。狂者进取，狷者有不屑于干的事。”

【注释】

①中行：行为合乎中庸之道。②狂狷（juàn）：狂，志向极高而行为狂放。狷，洁身自好、性情耿直。

13.22　子曰：“南人有言曰，‘人而无恒，不可以作巫医①。’善夫！”

“不恒其德，或承之羞②。”子曰：“不占③而已矣。”

13.22　要重视培养百姓践行优秀品德的恒心。

【译文】

先生说：“南方人有句话说，‘人如果没有恒心，不能以卜筮治病。’说得真好啊！”

“人的德行不能长久保持，免不了要遭受羞辱。”先生说：“（没有恒心的人）用不着去占卦了。”

【注释】

①巫医：用卜筮（shì）为人治病。《礼记·缁衣篇》：“南人有言曰，‘人而无恒，不可为卜筮！’古之遗言与？龟筮犹不能知也，而况于人乎？”②不恒其德，或承之羞：引自《易经》之恒卦，爻（yáo）辞。③占：占卜。

五、君子之风，行于天下

13.23　子曰："君子和①而不同②，小人同而不和。"

【译文】

先生说："君子讲求人与人和谐共处，并不要求完全相同；小人则要求人与人完全一致，却不讲求和谐。"

【注释】

①和：五味、八音、高低、上下等不同性质的因素协调相处，叫作和。和的前提是各方面因素彼此不同。②同：完全相同。君子追求道义，尽管追求的方法、层次、形式等有所不同，但可相互理解、和谐共处。小人追求利益，不合自己利益的都不赞同，因此无法和谐相处。

13.23 君子讲求人与人和谐共处，并不要求完全相同。

13.24　子贡问曰："乡人皆好之，何如？"子曰："未可也。"

"乡人皆恶之，何如？"子曰："未可也。不如乡人之善者好之，其不善者恶之。"

【译文】

子贡问道："全乡人都喜欢他，这个人怎么样？"先生说："不可取。"

子贡又问："全乡人都厌恶他，这个人怎么样？"先生说："不可取。最好是，乡里的好人都喜欢他，乡里的坏人都厌恶他。"

13.24 对于君子，乡里的好人都喜欢他，乡里的坏人都厌恶他。

13.25　子曰："君子易事①而难说②也。说之不以道，不说也；及其使人也，器之③。小人难事而易说也。说之虽不以道，说也；及其使人也，求备焉。"

【译文】

先生说："君子易于相处共事，而很难让他高兴。不按正

13.25 君子易于共事，难以取悦。

道去讨他喜欢，他是不会高兴的。但当他用人的时候，总是量才而用。小人很难相处共事，而很容易让他高兴。不按正道去讨他喜欢，他也会高兴。但等到他用人的时候，却是求全责备。”

【注释】

①事：相处共事。②说：同“悦”。③器之：量才使用他。

13.26　子曰：“君子泰而不骄，小人骄而不泰①。”

【译文】

先生说：“君子坦然舒泰而不傲慢无礼，小人傲慢无礼而不坦然舒泰。”

【注释】

①骄而不泰：朱熹注曰，“君子循理，故安舒而不矜肆。小人逞欲，故反是。”

13.26　君子神态坦然而不傲慢。

13.27　子曰：“刚、毅、木、讷近仁。”

【译文】

先生说：“刚强、坚毅、朴实、慎言，有这四种性格的人接近于仁。”

13.27　君子拥有刚、毅、木、讷的性格。

13.28　子路问曰：“何如斯可谓之士矣？”子曰：“切切偲偲①，怡怡②如也，可谓士矣。朋友切切偲偲，兄弟怡怡。”

【译文】

子路问道：“怎样做才可以称为士呢？”先生说：“互相勉励督促，相处和悦愉快，可以算是士了。朋友之间互相勉励督促，兄弟之间相处和悦愉快。”

【注释】

①切切偲偲（sī）：切切，劝告恳切而不扬其过。偲偲，劝勉详尽而不强其从。②怡怡（yí）：和悦、愉快。

13.28　君子与朋友交往切磋勉励、共同进步，与兄弟交往和悦、愉快。

结语：教民以道，亦可即戎

13.29 子曰："善人教民七年，亦可以即戎[①]矣。"

【译文】

先生说："善人管理和教化百姓七年，百姓（不仅能够做到团结和睦、勤于农耕），而且可以为这个国家当兵打仗了。"

【注释】

①即戎：即，就、靠近、走向。戎，兵戎。

13.29 善人教民七年，政风社风转好，百姓对国家有认同感，就会心甘情愿地保卫国家。

13.30 子曰："以不教民战，是谓弃之。"

【译文】

先生说："如果不教化百姓，却强迫他们当兵打仗，这实际上是抛弃了他们。"

13.30 百姓对国家没有认同感，却被迫当兵打仗，就是国家抛弃了他们。

宪 问 篇 第 十 四

士之所耻

引言：缺乏道德操守，是耻

14.1 宪①问耻。子曰："邦有道，谷②；邦无道，谷，耻也。"

"克、伐③、怨、欲不行焉，可以为仁矣？"子曰："可以为难矣，仁则吾不知也。"

【译文】

原宪问耻。先生说："国家政治清明，应该做官拿俸禄；国家政治黑暗，还做官拿俸禄，这就是耻。"

"好胜、自夸、怨恨、贪欲都没有的人，可算是做到仁了吗？"先生说："可以说是难得的，但至于是不是做到了仁，我就不知道了。"

【注释】

①宪：原宪，字子思。②谷：做官者的俸禄，代指做官。③克、伐：克，好胜。伐，自夸。

14.1 国家政治黑暗，只有毫无道德操守的人，才能做官拿俸禄。故士以之为耻。

好胜、自夸、怨恨、贪欲都没有，虽属难得，但也并不是仁德的体现。

一、士，应行仁道

14.2 子曰："士而怀居①，不足以为士矣。"

【译文】

先生说："士如果留恋家庭的安逸生活，就不配做士。"

【注释】

①怀居：留恋家庭的安逸生活。怀，留恋。居，家居生活。

14.2 留恋家庭安逸生活的人，不配做士。（士应该怎么做呢？）

14.3 子曰："邦有道，危①言危行；邦无道，危行言孙②。"

【译文】

先生说："国家政治清明，要言语正直，行为正直；国家政治黑暗，行为还要正直，但言语要谨慎。"

【注释】

①危：端正、正直。危有高峻意，君子循正道而行，世俗难免视之为高峻,但君子并不以高峻为行为准则。②孙：同"逊"，意为谦逊、恭顺。

14.3 士在任何时候都应行正道。当然，言辞和态度应根据环境适当调整。

14.4 子曰："有德者必有言，有言者不必有德。仁者必有勇，勇者不必有仁。"

【译文】

先生说："一个有道德的人，其道德修养一定体现到言语上，但言语显得有道德的人，不一定真有道德。仁德的人一定勇敢，但勇敢的人不一定真有仁德。"

14.4 内在的仁德，必然体现于言语和勇敢的行为上。但有类似言行的人，不一定真有仁德。

14.5 南宫适①问于孔子曰："羿②善射，奡③荡舟④，俱不得其死然。禹稷⑤躬稼而有天下。"夫子不答。

南宫适出。子曰："君子哉若人！尚德哉若人⑥！"

【译文】

南宫适向孔子问道："羿擅长射箭，奡擅长水战，最后都不得善终。禹和稷亲自种植庄稼，却得到了天下。（怎么解释这些历史呢？）"先生没有回答。

南宫适出去后，先生说："这个人真是个君子呀！这个人真是崇尚道德呀！"

【注释】

①南宫适（kuò）：即南容。②羿（yì）：传说中夏代有穷国的国君，善于射箭，曾夺夏太康的王位，后被其臣寒浞（zhuó）所杀。③奡（ào）：传说中寒浞的儿子，后来为夏少康所杀。④荡舟：指水战。传说奡力大，善于水战。⑤稷（jì）：传说是

14.5 好勇者若只崇尚武力，而不行仁道，则必然灭亡；种庄稼的人若仁德之至，也将拥有天下。

周朝的祖先，又为谷神，教百姓种植庄稼。⑥尚德哉若人：南宫适托古代的事来问今，意为从历史上看，尚武好斗者不得善终，尚德者终有天下，话语中有将羿奡比作当世有权者，而将禹稷比为孔子之意，故孔子不答。但其对道德的崇尚，得到孔子称赞。

二、以政令教化百姓，是推行仁道的重要手段

14.6　子曰："君子①而不仁者有矣夫，未有小人而仁者也。"

【译文】

先生说："受过教育的人中有不仁德的人，但没有受过教育的人中很难有仁德之人。"

【注释】

①君子：指受过教育的人。此外，《论语》中的"君子"，在不同语境下，有时还指有德者或居高位者。

14.6　受过教育的人更易拥有仁德的品质。

14.7　子曰："爱之，能勿劳乎？忠焉，能勿诲乎？"

【译文】

先生说："爱他，能不为他操劳吗？忠于他，能不对他教诲吗？"

14.7　如果真心爱护百姓，怎能不心甘情愿、不辞辛劳地教育引导他们。

14.8　子曰："为命①，裨谌②草创之，世叔③讨论之，行人④子羽⑤修饰之，东里⑥子产润色之。"

【译文】

先生说："郑国发布的政令，都是由裨谌起草，世叔提出意见，外交官子羽加以修饰，由子产做最后修改润色。"

【注释】

①命：指国家的政令。②裨（bì）谌（chén）：人名，郑国大夫。③世叔：即子太叔，名游吉，郑国大夫。④行人：官名，

14.8　政令在教育引导百姓方面作用重大。政令的起草需要多么慎重！

掌管朝觐（jìn）聘问等外交事务。⑤子羽：郑国大夫公孙挥的字。⑥东里：地名，郑国大夫子产居住的地方，今在郑州市。

14.9 或问子产。子曰："惠人①也。"

问子西②。曰："彼哉！彼哉！③"

问管仲。曰："人也。夺伯氏④骈邑⑤三百，饭疏食，没齿⑥无怨言。"

【译文】

有人问子产怎么样。先生说："是个存心施惠于民的人。"

又问子西。先生说："他呀！他呀！"

又问管仲。先生说："真是个人才。他剥夺了伯氏骈邑三百户的封地，伯氏终生粗茶淡饭，但到死也没有怨言。"

【注释】

①惠人：存心施惠于民的人。郑国在执政大夫子产治理下，政通人和，安定繁荣。因此，子产有一代贤相之称。子产去世时，据说郑国万人空巷，都去参加子产的葬礼。②子西：郑国大夫，子产的同宗兄弟，两人相继在郑国执政，故连带问及。③彼哉彼哉：他呀！他呀！（表示轻视、不足挂齿）。④伯氏：齐国大夫。⑤骈（pián）邑：地名，伯氏的采邑。⑥没齿：终生。齿，年岁。

14.9 政令公平，是最大的惠民。即使有些人利益受损，他们也会理解和支持。

14.10 子曰："贫而无怨难，富而无骄易。"

【译文】

先生说："贫穷而不怨恨很难做到，富裕而不骄纵容易做到。"

14.10 紧接上章。伯氏在骈邑被剥夺后，不得不忍受贫穷但却毫无怨言，说明政令是多么得人心。

14.11 子曰："孟公绰①为赵魏老②则优③，不可以为滕、薛④大夫。"

14.11 大夫制发政令责任重大，

【译文】

先生说："孟公绰如果做晋国诸卿赵氏、魏氏的家臣，是才力有余的，但不能做滕、薛这样小国的大夫。"

【注释】

①孟公绰（chuò）：鲁国大夫，属孟孙氏家族。②老：古代大夫的家臣，也称为室老。③优：有余。④滕、薛：当时的小国，都在鲁国附近。滕的故城在今山东滕州市西南。薛的故城在今山东滕州市东南。

因此必须具备较高的才能。

三、推行仁道，应做到行己有耻

（一）耻之一：行不思义

14.12　子路问成人①。子曰："若臧武仲②之知，公绰之不欲，卞庄子③之勇，冉求之艺，文之以礼乐，亦可以为成人矣。"曰："今之成人者何必然？见利思义，见危授命，久要④不忘平生之言，亦可以为成人矣。"

【译文】

子路问完美的人是什么样的。先生说："如果具有臧武仲的智慧，孟公绰的清心寡欲，卞庄子的勇敢，冉求的多才多艺，再用礼乐加以修饰，也就可以算是一个完美的人了。"又说："现在的完人何必一定要这样呢？见到财利想到义的要求，遇到危险勇于献出生命，长久处于穷困之中还不忘平日向别人做出的承诺，这样也可以算是完美的人了。"

【注释】

①成人：人格完备的人。②臧武仲：鲁国大夫臧孙纥（hé）。据《左传》记载，襄公二十三年，他逃到齐国后，预见到齐庄公可能被杀，从而提前设法辞去齐庄公赐给他的田。③卞庄子：鲁国的勇士。《荀子·大略篇》和《韩诗外传》记载有他的勇敢故事。④久要：长久处于穷困中。要，穷困。

14.12　见利思义，是一个人必须具备的优秀品质。

14.13　子问公叔文子①于公明贾②曰："信乎，夫子③不言，不笑，不取乎？"

公明贾对曰："以④告者过也。夫子时然后言，人不厌其言；乐然后笑，人不厌其笑；义然后取，人不厌其取。"

子曰："其然？岂其然乎？"

【译文】

先生向公明贾问到公叔文子，说："他老先生不言、不笑、不取利于人，是真的吗？"

公明贾答道："说此话的人说得过分了。老先生到该说时才说，因此别人不讨厌他说话；感到高兴才笑，因此别人不讨厌他笑；合于义的要求的财利他才取，因此别人不厌恶他取。"

先生说："是这样吗？难道真是这样吗？"

【注释】

①公叔文子：卫国大夫公孙拔，卫献公之子，谥号"文"，故称公叔文子。②公明贾（jiǎ）：姓公明名贾，卫国人。③夫子：文中指公叔文子。④以：代词，这个。

14.13　紧接上章。见利思义，并非不取利，而是只取符合义的要求的利。这样做，人不厌其取。

14.14　子曰："臧武仲以防求为后于鲁①，虽曰不要②君，吾不信也。"

【译文】

先生说："臧武仲凭借其采邑防城请求鲁君将臧氏后代立为卿大夫，虽然说他不是要挟君主，我不相信。"

【注释】

①以防求为后于鲁：臧武仲因得罪孟孙氏逃离鲁国，后来回到采邑防城，向鲁君请求，以立臧氏之后为卿大夫作为条件，自己离开防邑（事见《左传》襄公二十三年）。防，臧武仲的封邑，在今山东费县东北，离齐国边境很近。②要（yāo）：要挟。

14.14　臣下要挟君主强求爵位，不义。

14.15 子曰："晋文公①谲②而不正，齐桓公③正而不谲。"

【译文】

先生说："晋文公诡诈而不正派，齐桓公正派而不诡诈。"

【注释】

①晋文公：姓姬名重耳，春秋时期有作为的政治家，著名的霸主之一。公元前636－前628年在位。②谲(jué)：欺诈，玩弄权术。皇侃注曰，"时天子是周襄王，微弱。文公欲为霸主，大合诸侯，而欲事天子以为名义。自嫌强大，不敢朝天子，乃喻天子，令出畋（tián）狩，因此尽君臣之礼。天子遂至晋河阳之地。此是文公谲而不正礼也。"③齐桓公：姓姜名小白，春秋时期有作为的政治家，著名的霸主之一。公元前685－前643年在位。

14.15 臣下玩弄权术不正派，不义。

14.16 子路曰："桓公杀公子纠①，召忽死之，管仲不死。"曰："未仁乎？"子曰："桓公九合诸侯②，不以兵车③，管仲之力也。如其仁④，如其仁。"

【译文】

子路说："齐桓公杀了公子纠，召忽自杀以殉，但管仲却没有自杀。"又说："管仲不能算仁吧？"先生说："桓公多次召集各诸侯国盟会，不是靠武力，靠的是管仲的力量啊。这就是他的仁德，这就是他的仁德。"

【注释】

①公子纠：齐桓公之兄。据春秋传，齐襄公无道，管仲、召忽保护公子纠逃到鲁国，鲍叔牙保护公子小白逃到莒国。公孙无知杀齐襄公后，公子小白争位成功，即国君位，即为桓公。齐国迫使鲁国杀死公子纠，并要求将管仲、召忽交给齐国处置。召忽自杀，管仲被囚。鲍叔牙向齐桓公推荐，任命管仲为宰相。②九合诸侯：指齐桓公多次召集诸侯盟会。③不以兵车：不用武力。④如其仁：这就是他的仁德。王引之《经传释词》云："如犹乃也。"

14.16 要区分大义与小义。国家的利益是大义，君臣之义是小义。顾国家大义，是仁。

14.17 子贡曰："管仲非仁者与？桓公杀公子纠，不能死，又相之。"子曰："管仲相桓公，霸诸侯，一匡天下，民到于今受其赐。微①管仲，吾其被发左衽②矣。岂若匹夫匹妇之为谅③也，自经④于沟渎⑤而莫之知也？"

【译文】

子贡问："管仲不能算是仁人吧？桓公杀了公子纠，他不能为公子纠殉死，反而做了齐桓公的宰相。"先生说："管仲辅佐桓公，称霸诸侯，匡正了天下，老百姓到今天还享受到他的好处。如果没有管仲，恐怕我们要披散着头发，衣襟向左开了。哪能像普通百姓那样恪守小节小信，自杀在小山沟里，而谁也不知道呢？"

【注释】

①微：假若没有。②被发左衽（rèn）：被，同"披"。衽，衣襟。披散头发、衣襟向左开，是当时的夷狄之俗。③谅：诚信，遵守信用。这里指小节小信。④自经：自缢。⑤渎（dú）：小沟渠。

14.17 紧接上章。民族的利益是大义，小节小信是小义。顾民族大义，是仁。

14.18 公叔文子之臣大夫僎①，与文子同升诸公②。子闻之，曰："可以为'文③'矣。"

【译文】

公叔文子的家臣大夫僎，（由于公叔文子的推荐）成为与公叔文子一道同列于公朝的国家大臣。先生听说此事后，说："可以给他'文'的谥号了。"

【注释】

①僎（zhuàn）：人名。公叔文子的家臣。②升诸公：诸，于。公，公朝。公叔文子将本属自己家臣的人，引荐成为与自己同列公朝的国家大臣，体现了他的三种美德：知人善任、忘己无私、事君以忠。③文：谥法云，"锡民爵位"曰文。

14.18 为国家举荐贤才，是臣下之义。

14.19　子言卫灵公之无道也，康子曰："夫如是，奚而不丧？"孔子曰："仲叔圉①治宾客，祝鮀治宗庙，王孙贾治军旅。夫如是，奚其丧？"

14.19　使贤能之士人尽其才，是君主之义。

【译文】

先生讲到卫灵公的昏乱无道，季康子说："既然如此，为什么他没有败亡呢？"孔子说："他有仲叔圉接待宾客，祝鮀管理宗庙祭祀，王孙贾统率军队，像这样使用人才管理国家，怎么会败亡呢？"

【注释】

①仲叔圉（yǔ）：即孔文子。《论语·公冶长篇第五》中，孔子说他"敏而好学，不耻下问"。他与祝鮀、王孙贾都是卫国大夫。

（二）耻之二：面对不仁，言语却毫不惭愧

14.20　子曰："其言之不怍①，则为之也难。"

14.20　面对不仁，言语却毫不惭愧，也就难有仁德的行动。

【译文】

先生说："对于不合理的局面，如果言语上表现得毫不惭愧，那么想扭转这种局面就很困难了。"

【注释】

①怍（zuò）：惭愧。

14.21　陈成子①弑简公②。孔子沐浴而朝，告于哀公曰："陈恒弑其君，请讨之。"公曰："告夫三子③。"

孔子曰："以吾从大夫之后④，不敢不告也。君曰'告夫三子'者！"

之⑤三子告，不可。孔子曰："以吾从大夫之后，不敢不告也。"

14.21　鲁哀公对齐国臣弑君的行为视而不见，反而让"告夫三子"，鲁国臣强主弱的局面也就难以改观了。

【译文】

陈成子杀了齐简公。孔子沐浴后上朝，向鲁哀公报告："陈

恒杀了他的君主，请出兵讨伐他。”哀公说：“去报告三位大夫。”

孔子说：“因为我曾经做过大夫，所以不敢不来报告，君主却说‘去报告三位大夫’。”

去向三位大夫报告，三位大夫不愿派兵讨伐。孔子说：“因为我曾经做过大夫，所以不敢不来报告呀！”

【注释】

①陈成子：即陈恒，齐国大夫。鲁哀公十四年（公元前481年），他杀死齐简公，夺取了政权。②简公：齐简公，姓姜名壬（rén）。公元前484—前481年在位。③三子：指季孙、孟孙、叔孙三家。④从大夫之后：孔子曾任过大夫职，但此时已经去官家居，所以说从大夫之后。⑤之：动词，往。

14.22 子路问事君。子曰：“勿欺也，而犯之。”

【译文】

子路问怎样事奉君主。先生说：“不要欺骗他，要提醒和规劝他。”

14.22 紧接上章。即使君主如此，也不应欺骗他，而要提醒和规劝他。

（三）耻之三：学而为人

14.23 子曰：“君子上达，小人下达。”

【译文】

先生说：“（对待同样的事情）君子向上追求仁义，小人向下谋取利益。”

14.23 君子行义，小人求利。

14.24 子曰：“古之学者为己，今之学者为人。”

【译文】

先生说：“古代的人学习是为了提高自己，而现在的人学习则是为了得到别人的认可（以获利）。”

14.24 君子学习是为提高自己，小人学习则是为得到别人认可（以获利）。

14.25 蘧伯玉①使人于孔子。孔子与之坐而问焉。曰："夫子何为？"对曰："夫子欲寡其过而未能也。"

使者出。子曰："使乎！使乎！"

【译文】

蘧伯玉派使者拜访孔子。孔子与使者坐下谈话。问道："老先生最近在做什么？"使者回答说："老先生想要减少自己的过错，但未能做到。"

使者走了以后，先生说："好一位使者，好一位使者啊！"

【注释】

①蘧（qú）伯玉：卫国大夫，名瑗。孔子到卫国时曾住在他家。《淮南子·原道篇》说，"蘧伯玉年五十而知四十九之非。"此人可能善于自省、勇于改过。使者之言既得其实，又朴素谦虚，所以孔子连声称赞。

14.25 紧接上章。蘧伯玉不断完善自己，可谓君子。

（四）耻之四：言过其行

14.26 子曰："不在其位，不谋其政。"

曾子曰："君子思不出其位。"

【译文】

先生说："不在那个职位，就不要考虑那个职位上的事情。"

曾子说："君子考虑问题，不超出自己的职责范围。"

14.26 不在其位不应谋其政。（为什么呢？）

14.27 子曰："君子耻其言而过其行。"

【译文】

先生说："君子以说到却做不到为耻。"

14.27 紧接上章。对君子来讲，言过其行是令人羞耻的。如果不在其位而谋其政、思出其位，则必然言过其行。

14.28 子曰:“君子道者三,我无能焉:仁者不忧,知者不惑,勇者不惧。”子贡曰:“夫子自道也。”

【译文】

先生说:“君子之道有三个方面,我都未能做到:仁德的人不忧愁,智慧的人不迷惑,勇敢的人不畏惧。”子贡说:“这正是老师的自我表述啊!”

14.28 保持谦虚的态度,是仁的体现。

14.29 子贡方人①。子曰:“赐也贤乎哉?夫我则不暇。”

【译文】

子贡指责别人的过失和不善。先生说:“赐,你真的就那么贤能吗?我可没有闲工夫去评论别人。”

【注释】

①方人:指责别人的过失。方,同“谤(bàng)”。

14.29 谈论别人的过失和不善,容易言过于行。

14.30 子曰:“不患人之不己知,患其不能也。”

【译文】

先生说:“不担心别人不了解自己,只担心自己才能不足。”

14.30 要时刻担心自己德行、才能不足。

(五)耻之五:臆测别人不仁

14.31 子曰:“不逆①诈,不亿②不信,抑亦先觉者,是贤乎!”

【译文】

先生说:“不预先怀疑别人欺诈,也不臆测别人不诚信,然而能事先觉察别人的欺诈和不诚信,这就是贤人了。”

【注释】

①逆:事未至而迎之,怀疑。②亿:同“臆”,猜测。

14.31 不要怀疑别人欺诈不实。

14.32 微生亩①谓孔子曰："丘，何为是②栖栖③者与？无乃为佞乎？"孔子曰："非敢为佞也，疾固④也。"

【译文】

微生亩对孔子说："孔丘，你为什么这样四处奔波呢？难道不是想要显示自己的口才吗？"孔子说："我哪里敢显示口才，只是不希望看到别人故步自封、不思进取罢了。"

【注释】

①微生亩：姓微生名亩，鲁国人。②是：副词，如此。③栖栖（xī）：忙碌不安的样子。④疾固：疾，厌恶。固，固执。

14.32 微生亩臆测孔子为佞，实际情况并非如此。

14.33 子曰："骥①不称其力，称其德也。"

【译文】

先生说："良骥值得称赞的不是它的气力，而是它坚持不懈的品德。"

【注释】

①骥：古代称善跑的马为骥。

14.33 紧接上章。孔子为了推行大道而奔走各国，体现了坚持不懈的优秀品德。

14.34 或曰："以德报怨，何如？"子曰："何以报德？以直报怨，以德报德。"

【译文】

有人说："用恩德来应对怨恨怎么样？"先生说："用什么来报答恩德呢？应该是用直率来应对怨恨，用恩德来报答恩德。"

14.34 对于别人的凭空臆测，直言相告自己的真实想法即可。

四、孔子以推行仁道为己任

14.35 子曰："莫我知也夫！"子贡曰："何为其莫知子也？"子曰："不怨天，不尤①人，下学而上达②。知我者其天乎！"

【译文】

先生说："没有人理解我呀！"子贡说："为什么说没有人

14.35 孔子通过学习普通的知识，进而掌握了仁德的大道。

理解您呢？”先生说：“我不怨天、不尤人，学习诗书礼乐等普通的知识，而领悟了做人做事、治理国家的高深道理。理解我的，只有天吧！”

【注释】

①尤：责怪、怨恨。②下学而上达：下学，学诗书礼乐等普通的知识。上达，领悟了高深的道理。

14.36 公伯寮①愬②子路于季孙。子服景伯③以告，曰：“夫子固有惑志于公伯寮，吾力犹能肆诸市朝④。”

子曰：“道之将行也与，命也；道之将废也与，命也。公伯寮其如命何！”

14.36 大道是否能行，取决于天命，非人力所能及。

【译文】

公伯寮在季孙氏面前诽谤子路。子服景伯把这件事告诉给孔子，说：“季孙氏已经被公伯寮迷惑了。但我的力量能够（说服季孙氏）把公伯寮杀了，并陈尸于市。”

先生说：“大道能够得到推行，是天命决定的；大道不能得到推行，也是天命决定的。公伯寮能把天命怎么样呢？”

【注释】

①公伯寮（liáo）：鲁国人，字子周，曾任季氏的家臣。②愬（sù）：同“诉”，说人坏话，诽谤。③子服景伯：鲁国大夫，姓子服名何，字伯，“景”是谥号。④肆诸市朝：肆，古时处死罪人后陈尸示众。诸，“之于”的合音。市朝，市集与朝廷。

14.37 子曰：“贤者辟①世，其次辟地，其次辟色，其次辟言。”

子曰：“作者七人②矣。”

14.37 面对大道不行的局面，有些贤者选择逃避。

【译文】

先生说：“一些贤人选择逃避这个社会，其次避开某个国家，其次避开别人不尊敬的脸色，其次避开别人不尊敬的话语。”

先生说：“这样做的已经有七个人了。”

【注释】

①辟：同“避”，逃避。②七人：即伯夷、叔齐、虞仲、夷逸、朱张、柳下惠、少连。

14.38 子路宿于石门①。晨门②曰：“奚自？”子路曰：“自孔氏。”曰：“是知其不可而为之者与？”

【译文】

子路夜里住在石门。第二天清晨入城，晨门问：“从哪里来？”子路说：“从孔氏那里来。”晨门说：“是那个明知做不到却还要去做的人吗？”

【注释】

①石门：鲁国都城的外门。②晨门：负责早上开启城门的人，可能也是一位贤人隐士。

14.38 孔子没有逃避，但晨门认为他是知其不可而为之。（孔子认可这一看法吗？）

14.39 子击磬①于卫，有荷蒉②而过孔氏之门者，曰：“有心哉，击磬乎！”既而曰：“鄙哉，硁硁③乎！莫己知也，斯己而已矣。深则厉，浅则揭④。”

子曰：“果哉！末⑤之难矣。”

【译文】

先生在卫国，一天正敲着磬，有一位担着草筐的人从门前走过，说：“这个击磬的人有心思啊！”一会儿又说：“见识真粗鄙呀！声音硁硁的。没有人理解自己，那就独善其身罢了。好像涉水一样，如果水深，索性就穿着衣服趟过去；如果水浅，就撩起衣服走过去。”

先生说：“确实是这样的！只是我觉得（推行大道）没有那么难罢了。”

14.39 孔子并不认可。他觉得推行大道并没有那么难，更谈不上“不可为”了。这一结论的依据是什么呢？

【注释】

①磬（qìng）：一种打击乐器。②荷蒉（kuì）：担着草筐。荷，担、扛。蒉，草筐。③硁硁（kēng）：象声词，敲击石头的声音。这里引申为像石块那样浅薄固执。④深则厉，浅则揭：《诗经·邶（bèi）风·匏（páo）有苦叶》的诗句。原意为：水太深，就穿着衣服涉水过河（反正衣服一定会湿透了）；水很浅，就提起衣襟涉水过河（尽可能不把衣服沾湿）。在本句中，意指如果大道可能得到推行，就全力以赴去推行大道；如果大道不可能得到推行，索性就不要白费力气了。⑤末：不。

14.40　子张曰："《书》云，'高宗①谅阴②，三年不言。'何谓也？"子曰："何必高宗，古之人皆然。君薨③，百官总已以听于冢宰④三年。"

14.40　其依据是，以前一直是实行仁德礼仪治国的。如为父亲守丧三年的做法，古时的君主都是这样做的。

【译文】

子张说："《尚书》上说，'高宗居丧，三年不谈政事。'实际情况是这样吗？"先生说："不仅是高宗，古人都是这样。老国君死了，新任国君三年不问政事，朝廷百官都各管自己的职事，听命于冢宰。"

【注释】

①高宗：商王武丁。②谅阴：又称凶庐，居丧时住的房子，文中指居丧。③薨（hōng）：古代君主死称为薨。④冢（zhǒng）宰：官名，相当于后世的宰相。

14.41　子曰："上好礼，则民易使也。"

14.41　之所以如此，是因为以前的君主能够认识到礼仪制度在国家治理中的重要作用。

【译文】

先生说："居上位的人真心好礼，那么百姓就容易管理了。"

14.42 子路问君子。子曰："修己以敬。"

曰："如斯而已乎？"曰："修己以安人。"

曰："如斯而已乎？"曰："修己以安百姓。修己以安百姓，尧舜其犹病诸。"

【译文】

子路问君子之道。先生说："提高自己的修养和能力，以端正自己的态度。"

子路说："这样就够了吗？"先生说："提高自己的修养和能力，以使周围的人安居乐业。"

子路说："这样就够了吗？"先生说："提高自己的修养和能力，以使所有百姓都安居乐业。这一点，恐怕尧舜自己还担心难以做到呢！"

14.42 在现实中，推行仁道应从何着手呢？要从修己开始。要通过修己，先端正自己对人对事的态度，再逐步教化影响身边之人，进而将仁德大道推行于天下，使百姓安居乐业。

结语：力行仁道，方远耻也

14.43 原壤①夷俟②。子曰："幼而不孙弟③，长而无述焉，老而不死，是为贼④。"以杖叩其胫。

【译文】

原壤叉开双腿坐着等待孔子。先生说："年幼时，你不讲逊悌，长大了没什么可称道的成就，老而不死，真是害人虫。"说着，用手杖敲他的脚胫（使他不再叉腿）。

【注释】

①原壤：鲁国人，孔子的旧友。《礼记·檀弓》记载一段故事：原壤的母亲去世了，孔子帮他治丧，他却站在棺材上唱歌，孔子只好装作没听见。②夷俟(sì)：夷，双腿分开而坐。俟，等待。③孙弟：同"逊悌"。④贼：害人虫。意为原壤自幼至长，毫无善行，而久生于世，足以败坏社会风俗，因此称其为害人虫。

14.43 幼时不学礼仪，壮时不行仁道，至老无所成就，是人生之耻。

14.44 阙党①童子将命②。或问之曰："益者与？"子曰："吾见其居于位③也，见其与先生并行④也。非求益者也，欲速成者也。"

【译文】

阙里的一个童子，来向孔子传话。有人问孔子："这是个求上进的孩子吗？"先生说："我看见他坐在成年人的位子上，又见他和长辈并肩而行，他不是要求上进，只是急于求成。"

【注释】

①阙党：即阙里，孔子家住的地方。②将命：在宾主之间传言。③居于位：《礼记·玉藻》上说，"童子之节也……无事则立主人之北面"。主人命坐，童子也应"隅坐"，即坐于正席侧边或角落的位置，而不应坐于正位。小孩子像成人一样居于正位，不合礼仪。④与先生并行：《礼记·曲礼》上说，"五年以长，则肩随之"。童子与长辈年龄相差更远，更不应与成人并行。

14.44 不行仁德礼仪大道，却欲速成，南辕北辙呀！

卫灵公篇第十五

君子有穷

引言：君主不明，故君子有穷

15.1　卫灵公问陈①于孔子。孔子对曰："俎豆②之事，则尝闻之矣；军旅之事，未之学也。"明日遂行。

【译文】

卫灵公向孔子询问军队列阵之法。孔子回答说："祭祀礼仪方面的事情，我曾学过；用兵打仗的事，从来没有学过。"第二天，孔子便离开了卫国。

【注释】

①陈：同"阵"，军队作战时布列的阵势。②俎（zǔ）豆：俎和豆都是古代盛食物的器皿，被用作祭祀时的礼器。此处指礼仪之事。

15.1　孔子掌握了治国大道，但君主却不理解、不信任、不使用。

15.2　在陈绝粮，从者病，莫能兴。子路愠①见曰："君子亦有穷乎？"子曰："君子固穷②，小人穷斯滥③矣。"

【译文】

在陈国断了粮食，跟随的弟子们都饿病了，站都站不起来。子路很生气，来见孔子，说道："君子也有穷途末路之时吗？"先生说："君子身处困境，仍然坚守大道；小人身处困境，就会什么事都干得出来了。"

【注释】

①愠（yùn）：怒，生气。②固穷：安守穷困。穷，与达相对，意为困厄、窘迫。③滥：泛滥，指行为不受约束。

15.2　不受君主器重和使用，君子自然会陷入困境。但即使如此，君子仍然会坚守大道。

一、治理国家的方法

（一）德，是治国之大道

15.3　子曰：“赐也，女以予为多学而识[①]之者与？”对曰：“然，非与？”曰：“非也。予一以贯之。”

【译文】

先生说：“赐，你以为我仅仅是学习了大量知识并牢牢记住吗？”子贡答道：“是啊，难道不是这样吗？”先生说：“不是的。我是用一个根本的东西将这些知识贯穿起来的。”

【注释】

①识（zhì）：同“志”，记住。

15.3　孔子真正的才能，不在于知识的堆砌，而在于他掌握了可将所学知识贯穿起来的“大道”。（这个大道是什么呢？）

15.4　子曰：“由，知德者鲜矣。”

【译文】

先生说：“由，懂得‘德’的人太少了。”

15.4　这个大道就是德。懂得德的人太少了，所以才有卫灵公问阵，君子有穷。

15.5　子曰：“无为而治者，其舜也与！夫何为哉？恭己正南面而已矣。”

【译文】

先生说：“能够无所作为而治理好天下的人，大概只有舜吧！他做了些什么呢？只是庄严端正地坐在朝廷的王位上罢了。”

15.5　但也有人懂得这个治国大道。舜以德治国，抓住了治国根本，实现无为而治。

15.6　子张问行[①]。子曰：“言忠信，行笃敬，虽蛮貊[②]之邦，行矣。言不忠信，行不笃敬，虽州里[③]，行乎哉？立则见其参[④]于前也，在舆则见其倚于衡[⑤]也，夫然后行。”子张书诸绅[⑥]。

15.6　即使在未开化的蛮貊之邦，忠信笃敬的仁德之道也行得

【译文】

子张请教如何能使所行通达无碍。先生说:“言语忠诚信实,做事厚重严谨,即使到了蛮貊地区,也行得通。言语欺诈无信,做事轻浮草率,就是在本乡本土,能行得通吗?站着,就仿佛看到忠信笃敬这几个字显现在面前;坐车,就好像看到这几个字刻在车辕前的横木上。时刻牢记,到处都能行得通。”子张记在腰间的大带上。

【注释】

①问行:类似于问达,即请教如何能够使所行通达无碍。②蛮貊(mò):古人对少数民族的贬称,蛮在南,貊在北。③州里:古代25家为里,2500家为州。州里近,文化风俗相同;蛮貊远,文化风教不同。④参:列,显现。⑤衡:车辕前面的横木。⑥绅:系在腰间的大带。

通。若不行忠信笃敬的仁德之道,即使在本乡本土,也行不通。

(二)实施以德治国,必须依靠贤能之士

15.7 子曰:“直哉史鱼①!邦有道,如矢②;邦无道,如矢。君子哉蘧伯玉!邦有道,则仕;邦无道,则可卷而怀之。”

【译文】

先生说:“史鱼真是正直啊!国家有道,他的言行像箭一样直;国家无道,他的言行也像箭一样直。蘧伯玉真是一位君子!国家有道就出来做官,国家无道就(辞退官职)把自己的本领收藏起来。”

【注释】

①史鱼:卫国大夫史鳍(qiú),字子鱼。他临死前对儿子说,为人臣生不能进贤退不肖,死不当治丧正室,因此要求在偏房行殡礼。通过这种方式,劝告卫灵公进用蘧伯玉,斥退弥子瑕,古人称为“尸谏”(事见《韩诗外传》卷七)。②矢:箭,形容其直。

15.7 现实中有不少践行仁德大道的君子。有的人正直如矢,有的人因时而行。

15.8 子曰："可与言而不与之言，失人；不可与言而与之言，失言。知者不失人，亦不失言。"

【译文】

先生说："面对可以真心相交的人，却不与他真心相交，就会失去结交朋友的机会；面对不可以真心相交的人，却与他真心相交，就会说错话。有智慧的人既不失去朋友，也不说错话。"

15.8 要善于识人，选择"可与言"者一起研究探讨治国之道。（哪些人属于"可与言"者呢？）

15.9 子曰："志士仁人，无求生以害仁，有杀身以成仁。"

【译文】

先生说："有信念而道德崇高的人，不会因贪生怕死而损害仁德，只会牺牲自己的性命来成就仁德的品质。"

15.9 有志于推行仁德大道的志士仁人，是值得相交的"可与言"者。

15.10 子贡问为仁。子曰："工欲善其事，必先利其器。居是邦也，事其大夫之贤者，友其士之仁者。"

【译文】

子贡问怎样施行仁道。先生说："做工的人要想把工作做好，必须首先使他的工具锋利。住在这个国家，就要敬奉大夫中的贤者，结交士人中的仁者。"

15.10 贤能之士，是推行仁德大道的"利器"。必须善于事其大夫之贤者、友其士之仁者，合众之力，以推行仁德之道。

15.11 颜渊问为邦。子曰："行夏之时①，乘殷之辂②，服周之冕③，乐则韶舞。放④郑声⑤，远⑥佞人。郑声淫，佞人殆。"

【译文】

颜渊问如何治国。先生说："用夏代的历法，乘殷代的车子，戴周代的礼帽，演奏《韶》的乐舞。禁绝郑国的乐曲，疏远能言善辩的人。郑国的乐曲浮靡（mǐ）不正，谄媚的小人很危险。"

【注释】

①夏之时：夏代的历法。据古史记载，夏朝用的是自然历，

15.11 紧接上章。一定要远离能言善辩的伪诈之人。

以建寅之月（阴历正月）为每年第一月，春、夏、秋、冬合乎自然现象，有利于农业生产。周朝则以建子之月（阴历十一月）为每年的第一月，而且以冬至日为元日。②殷之辂(lù)：殷代天子所乘的车。殷代的车是木制，比较朴实。周人饰以金玉，过于奢侈且易损坏。③周之冕：周代的帽子。朱熹注曰，“周冕有五，祭服之冠也。冠上有覆，前后有旒（liú）。黄帝以来，盖已有之，而制度仪等，至周始备。然其为物小，而加于众体之上，故虽华而不为靡，虽费而不及奢。”④放：禁绝、抛弃。⑤郑声：郑国的乐曲。郑声靡曼幻渺，无中正和平之气，听后使人沉溺于喜悲之情不可自拔，孔子认为是淫声。⑥远：远离。

（三）以德治国，任用贤士，是实现国家长治久安的长远大计

15.12 子曰：“人无远虑，必有近忧。”

【译文】

先生说：“一个人如果没有长远的考虑，一定会有近在眼前的忧患。”

15.12 治国应有长远的考虑。

15.13 子曰：“已矣乎！吾未见好德如好色①者也。”

【译文】

先生说：“算了吧！我从来没有看见过像喜好美色那样喜好美德的人。”

【注释】

①好色：据《史记·孔子世家》，孔子“居卫月余，灵公与夫人（南子）同车，宦者雍渠参乘出，使孔子为次乘，招摇市过之”。孔子因而发出这一感叹。

15.13 但很多治国者却不实施以德治国。很少有人能够像喜好美色般喜好美德。

15.14　子曰：“臧文仲①其窃位②者与！知柳下惠③之贤而不与立④也。”

【译文】

先生说：“臧文仲大概是一个窃居官位的人吧！他明知道柳下惠是个贤人，却不举荐他做官。”

【注释】

①臧文仲：鲁国大夫臧孙辰，历仕庄、闵、僖、文四朝。②窃位：身居官位而不称职。③柳下惠：鲁国贤者，姓展名获，字禽。“柳下”可能是其居处，“惠”是其妻提出给他的私谥，所以人称其为柳下惠。④不与立：不与其并立于朝。

15.14　他们也不知任用贤能。

15.15　子曰：“躬自厚①而薄责于人，则远怨矣。”

【译文】

先生说：“多反省自己而少责备别人，就可以避免别人对自己的怨恨了。”

【注释】

①躬自厚：杨伯峻注曰，“本当作‘躬自厚责’，‘责’字探下文‘薄责’之‘责’而省略。”

15.15　紧接上章。对贤能之人，不应求全苛责。

15.16　子曰：“不曰‘如之何①，如之何’者，吾末②如之何也已矣。”

【译文】

先生说：“遇事从来不说‘怎么办，怎么办’的人，我对他也不知怎么办才好。”

【注释】

①如之何：怎么办。人遇难事，常不由自主地说：“怎么办，怎么办呢？”不这么说的，往往是不觉其难，处理起来也往往不够慎重。②末：无。

15.16　他们治国施政率性随意。

15.17 子曰："群居终日，言不及义，好行小慧，难矣哉！"

【译文】

先生说："整天聚在一块商议，言谈从不提到道义，专好施行小恩小惠，这样治国难有成效。"

15.17 紧接上章。出台政策只是施行小恩小惠，却言不及义，难有好的效果。

二、君子肩负弘扬大道的使命

（一）君子要提高自身品德素养

15.18 子曰："君子义以为质，礼以行之，孙以出之，信以成之。君子哉！"

【译文】

先生说："君子以义为本，依礼而行，用谦逊的语言表达，用信实的方式完成。这就是君子了。"

15.18 君子应从义、礼、逊、信四个方面努力提高自己。

15.19 子曰："君子病无能焉，不病人之不己知也。"

【译文】

先生说："君子只怕自己没有才能，不怕别人不理解自己。"

15.19 要时刻担心自己才能不足。

15.20 子曰："君子疾没世①而名不称②焉。"

【译文】

先生说："君子担心自己一生的德行与君子的称呼不相称。"

【注释】

①没世：终生，至死。②称（chèn）：相当，符合。《论语·里仁篇第四》中，"君子去仁，恶乎成名？君子无终食之间违仁，造次必于是，颠沛必于是"，可作此句注解。

15.20 要担心自己一生的德行与君子的称呼不相称。

15.21　子曰："君子求诸己，小人求诸人。"

【译文】

先生说："君子求之于自己，小人求之于别人。"

15.21　才能和德行的提高，要通过自己努力来实现。

（二）君子要善于识人

15.22　子曰："君子矜①而不争，群而不党。"

【译文】

先生说："君子庄重矜持，与人无争；能够合群相处，而不结党营私。"

【注释】

①矜（jīn）：庄重。

15.22 君子与人无争，不结党营私。

15.23　子曰："君子不以言举人，不以人废言。"

【译文】

先生说："君子不因一个人把话说得很漂亮而觉得其品德高尚，也不因一个人品德不好而不采纳他正确的话。"

15.23 君子对人对言，都客观分析判断，不简单化、绝对化。

15.24　子贡问曰："有一言而可以终身行之者乎？"子曰："其恕①乎！己所不欲，勿施于人。"

【译文】

子贡问道："有没有一个字可以终身奉行的呢？"先生说："那就是恕吧！自己不愿意接受的，不要强加给别人。"

【注释】

①恕：曾子曰，"夫子之道，忠恕而已矣。"其中的"忠"，是以人为中心、尽己之力，"己欲立而立人，己欲达而达人"，但未必每个人都有条件实施。而"恕"，则是"己所不欲，勿施于人"，谁都可以做。所以孔子在此处言"恕"，不言"忠"。

15.24　紧接上章。对待别人，要学会"恕"。己所不欲，勿施于人。

15.25 子曰："吾之于人也，谁毁谁誉？如有所誉者，其有所试矣。斯民也①，三代之所以直道而行也。"

【译文】

先生说："我对于别人，批评过谁，赞美过谁？如果有赞美过的，（这人的品行）一定是经过事实检验的。正是因为有这样的人，所以夏商周三代能沿着正道发展。"

【注释】

①斯民也：这样的人。指禹、汤、周文王、周武王、周公等贤能的君臣，以及微子、箕子、比干、伯夷、叔齐等仁人，这些人都是得到孔子真心赞誉的。

15.25 判断别人是非善恶，要经事实检验。

15.26 子曰："吾犹及史之阙文①也，有马者借人乘之。今亡矣夫。"

【译文】

先生说："我还能够看到史书中有存疑的地方，比如有马的人（不知是什么原因）不骑自己的马，却向别人借马骑。这种存疑的精神，现在没有了。"

【注释】

①阙文：史官记事，遇到有疑问的地方便缺而不记，叫作阙文。

15.26 有疑虑的，应存疑，而不能凭空猜测。

15.27 子曰："巧言乱德。小不忍①，则乱大谋。"

【译文】

先生说："花言巧语容易扰乱人的德行。小事情不忍耐，就会败坏大的谋划。"

【注释】

①小不忍：既包括忍受怨恨、屈辱、愤怒等情绪，克制妇人之仁、匹夫之勇等冲动，也包括听到别人的花言巧语，要忍住不信，待事实检验后再下结论等。

15.27 紧接上章。不能轻信别人的花言巧语，以免在识人方面出现偏差。否则，既扰乱自己的德行，又会给治国带来负面影响。

15.28　子曰："众恶之，必察焉；众好之，必察焉。"

【译文】

先生说："大家都厌恶他，必须考察一下（他是否真的不好）；大家都喜欢他，也一定要考察一下（他是否真的好）。"

15.28　紧接上章。同时，也不能轻信大家的判断，必须要亲自考察。

（三）君子要以弘扬大道为毕生追求

15.29　子曰："人能弘道，非道弘人。"

【译文】

先生说："一个人应努力弘扬大道，而不应将大道作为获取名利的手段。"

15.29　应将弘扬大道作为人生奋斗的目标，而不应作为个人谋取名利的手段（一旦不利于个人名利，就随时准备抛弃）。

15.30　子曰："过而不改，是谓过矣。"

【译文】

先生说："有了过错而不改正，这才真叫过错了。"

15.30　紧接上章。曾经将道作为谋取名利手段的，要认识到错误，并及时改正。

15.31　子曰："吾尝终日不食，终夜不寝，以思，无益，不如学也。"

【译文】

先生说："我曾终日不食，彻夜不寝，去冥思苦想，却没有什么进步，不如去学习。"

15.31　弘扬大道，要在"学"上下功夫。

15.32　子曰："君子谋道不谋食。耕也，馁①在其中矣；学也，禄②在其中矣。君子忧道不忧贫。"

15.32　学习内容要慎重选择。要

【译文】

先生说："君子要致力于大道，不能只着眼于衣食。耕田，也会饿肚子；学习，可以得到俸禄。君子担心大道不能施行，并不担心自己贫穷。"

【注释】

①馁（něi）：饥饿。②禄：做官的俸禄。

学习大道，努力做大贡献（自己也可得俸禄）；不要只学习微末小技，只考虑自己温饱。

15.33 子曰："知及之①，仁不能守之，虽得之，必失之。知及之，仁能守之，不庄以莅②之，则民不敬。知及之，仁能守之，庄以莅之，动之不以礼，未善也。"

【译文】

先生说："聪明才智足以得到官职，但仁德修养不足以保持官职，即使得到，也一定会丧失。聪明才智足以得到官职，仁德修养足以保持官职，但不用严肃认真的态度来履行职责，那么百姓就会不敬。聪明才智足以得到官职，仁德修养足以保持官职，能用严肃认真的态度履行职责，但组织动员百姓时不遵守礼的规范，也不够好。"

【注释】

①知及之：知，同"智"。之，指上章中"学也，禄在其中矣"的"禄"，代指官职。②莅（lì）：临，对待。

15.33 紧接上章。如果得到了官职，而自己却未掌握仁礼之道，则难以有效履职，甚至可能失去官职。

15.34 子曰："君子不可小知①而可大受②也，小人不可大受而可小知也。"

【译文】

先生说："君子的才能难以从小事上看出来，但可以让他们承担重大的使命。小人不能承担重大的使命，但却可以从小事上看出其才能。"

【注释】

①小知：由小事而知其才。②大受：将大任交付其承担。

15.34 君子的才能难以从小事上看出来，但却应授予其重任。

15.35　子曰："民之于仁也，甚于水火。水火，吾见蹈而死者矣，未见蹈仁而死者也。"

【译文】

先生说："百姓对于仁的需要，比对于水和火的需要更迫切。我只见过人跳到水火中而死的，没有见过因实行仁而死的。"

15.35　重任就是推行仁德的大道。

三、事奉君主与弘扬大道

15.36　子曰："当仁，不让于师。"

【译文】

先生说："面对仁德，就是老师，也不同他谦让。"

15.36　仁德，高于一切。

15.37　子曰："君子贞①而不谅②。"

【译文】

先生说："君子坚持正道，而不拘泥于小节小信。"

【注释】

①贞：正。②谅：诚信，指小节小信。

15.37　坚守正道，不应拘泥于（对君主的）小节小信。

15.38　子曰："事君，敬其事而后其食①。"

【译文】

先生说："事奉君主，首先是敬行职责，然后才是获取俸禄。"

【注释】

①食：食禄，俸禄。

15.38　推行大道，是真正对君主负责，也是在履行自己应有的职责。

15.39　子曰："有教无类。"

【译文】

先生说："教育引导，不分族类。"

15.39　不管君主品性如何，都应全力以赴地教育和引导他，以推动大道的施行。

15.40 子曰："道不同，不相为谋。"

【译文】

先生说："思想、主张不同，不共同谋划。"

15.40 与君主的主张确实不同的，也就无法共同谋划了。

15.41 子曰："辞达而已矣。"

【译文】

先生说："言辞表达清楚就行了。"

15.41 向君主表达清楚治国的大道，自己的责任也就尽到了。

结语：盲人心明，识得贤相

15.42 师冕①见。及阶，子曰："阶也。"及席，子曰："席也。"皆坐，子告之曰："某在斯，某在斯。"

师冕出。子张问曰："与师言之道与？"子曰："然，固相②师之道也。"

【译文】

乐师冕来见孔子。走到台阶前，先生说："台阶。"走到座席旁，先生说："座席。"大家都坐下后，先生告诉他："某某在这里，某某在那里。"

乐师冕走了以后，子张问道："这是与乐师谈话的方法吗？"先生说："是的，这是帮助乐师的方法。"

【注释】

①师冕：乐师，名冕。古时乐官一般由盲人承担。②相：动词，帮助。有时用作名词，意为盲人的辅助之人。

15.42 盲人眼虽盲但心却明，知道孔子以合适的方式帮助他，因此很自然地接受其帮助。

引言中的君主，在治国方面如同盲人一样，但是他对孔子的帮助，却并不理解。他不在意治国的大道，只考虑军队列阵等"小道"。道不同，不相为谋。孔子只能"辞达而已矣"。

益人之友

引言：巧言饰非，于人无益

16.1　季氏将伐颛臾①。冉有、季路见于孔子曰："季氏将有事②于颛臾。"

孔子曰："求！无乃尔是过与？夫颛臾，昔者先王以为东蒙主③，且在城邦之中矣，是社稷之臣④也。何以伐为？"

冉有曰："夫子欲之，吾二臣者皆不欲也。"

孔子曰："求！周任⑤有言曰，'陈力就列⑥，不能者止。'危而不持，颠而不扶，则将焉用彼相⑦矣？且尔言过矣。虎兕⑧出于柙⑨，龟玉毁于椟⑩中，是谁之过与？"

冉有曰："今夫颛臾，固而近于费⑪。今不取，后世必为子孙忧。"

孔子曰："求！君子疾夫舍曰欲之而必为之辞。丘也闻有国有家者，不患寡而患不均，不患贫而患不安⑫。盖均无贫，和无寡，安无倾。夫如是，故远人不服，则修文德以来之。既来之，则安之。今由与求也，相夫子，远人不服而不能来也，邦分崩离析⑬而不能守也，而谋动干戈于邦内。吾恐季孙之忧，不在颛臾，而在萧墙⑭之内也。"

【译文】

季氏将要攻打颛臾。冉有、季路谒见孔子说："季氏准备对颛臾用兵。"

孔子说："冉求，这不是你的过错吗？那颛臾，以前先王

16.1　作为季氏家臣，冉求未能辅助季氏行仁德大道；面对季氏的不义之举，冉求一味推脱自身责任，并花言巧语为其辩解。孔子对冉求进行了严厉批评。

曾让它主持东蒙山的祭祀，而且它地处鲁国境内，是国家的藩属国，为什么要攻打它呢？”

冉有说：“季孙大夫想打，我们两个人都不主张这样做。”

孔子说：“冉求，周任说过，‘根据自己的能力选择担任的职务，不能胜任就不要做。’盲人遇到危险，你不去帮助，他跌倒了，你不去搀扶，那要你这个辅助的人干什么呢？而且你说错了。老虎、犀牛从笼子里跑出来为患，龟甲、玉器在匣子里被毁坏了，这是谁的过错呢？”

冉有说：“现在的颛臾，城墙坚固，离季氏的封地费邑又近。如果不夺过来，将来一定会成为子孙的忧患。”

孔子说：“冉求，君子讨厌那种不说自己贪得无厌，而一定要找出理由来辩解的人。我听说，对于诸侯和卿大夫来讲，不怕国家贫穷，而怕分配不均；不怕人口少，而怕不安定。财富分配平均了，也就没有所谓贫穷；大家和睦了，就不会感到人少；上下安定了，国家也就没有倾覆的危险。做到这些后，如果远方的人还不归服，就用仁、义、礼、乐吸引他们；已经来了，就让他们安心生活。现在，仲由和冉求你们两人辅助季氏，远方的人不归服，又不能吸引他们；国家分崩离析，你们不能保全，反而策划在国内使用武力。我只怕季氏所担忧的不是颛臾，而是鲁国的国君吧！”

【注释】

①颛（zhuān）臾（yú）：鲁国的附属国，在今山东省费县西。②有事：“国之大事，在祀与戎。”这里指用兵作战。③东蒙主：蒙山，在鲁东，故名东蒙。先王封颛臾于此山之下，使主其祭。④社稷之臣：社稷，指鲁国公室。是时，四分鲁国，季氏取其二，孟孙、叔孙各有其一。颛臾这个附庸国尚属公臣。⑤周任：人名，古代良史。⑥陈力就列：按才能担任适当的职务。陈力，按照才能的大小。就列，排在大臣的队列中。⑦相：盲人的辅助之人。⑧兕（sì）：样子像犀牛的独角猛兽。⑨柙（xiá）：关猛兽的笼槛（jiàn）。⑩椟（dú）：匣子。⑪费：季氏的采邑。⑫不患寡

而患不均，不患贫而患不安：可能有错误，应为“不患贫而患不均，不患寡而患不安”。这样，可与下面的“均无贫，和无寡，安无倾”相对应。⑬分崩离析：指鲁国被三家分治，而家臣又屡屡叛乱。⑭萧墙：国君宫门内的屏风。臣下至屏风而肃然起敬，故称萧（肃）墙。“萧墙之内”，代指鲁君。当时季氏把持朝政，而鲁君想收回朝政大权，季氏担心颛臾帮助鲁君，因此先出兵攻打颛臾。

16.2 孔子曰：“天下有道，则礼乐征伐自天子出；天下无道，则礼乐征伐自诸侯出。自诸侯出，盖十世希不失矣；自大夫出，五世希不失矣；陪臣执国命，三世希不失矣①。天下有道，则政不在大夫。天下有道，则庶人不议。”

【译文】

孔子说：“天下有道，制作礼乐和出兵打仗都由天子做决定；天下无道，制作礼乐和出兵打仗，由诸侯做决定。由诸侯做决定，很少有经过十代之后还能不衰败的；由大夫做决定，很少有经过五代之后还能不衰败的；由大夫的家臣执掌政权，很少有经过三代以后还能不衰败的。天下有道，国家权力就不会落到大夫手中。天下有道，老百姓也就不会议论国家政治了。”

【注释】

①三世希不失矣：诸侯、大夫、陪臣以下凌上，则亦无法号令其下，故不久必将衰败。逆背常理越甚，衰败得就越快。孔子这一段话可能是从考察历史，尤其是当日时事所得出的结论。

16.2 诸侯、卿大夫、陪臣如果不行仁德大道，不按合理的政治规则行事，而是僭越礼仪、超越职权、代执国命，几世之后，很少有不衰败的。逆背常理越甚，衰败得也会越快。

16.3 孔子曰：“禄之去公室五世①矣，政逮②于大夫四世③矣，故夫三桓④之子孙微矣。”

【译文】

孔子说：“爵禄赏罚之权从朝廷中旁落，从鲁君讲，已经

16.3 紧接上章。三桓不行仁德之道，四世、五世之后也就衰败了。

有五代了，政权落在大夫之手，从季氏讲，已经四代了，所以三桓的子孙到目前也衰微了。”

【注释】

①五世：指鲁国宣公、成公、襄公、昭公、定公五世。②逮：及、到。③四世：指季孙氏文子、武子、平子、桓子四世。④三桓：鲁国孟孙、叔孙、季孙都出于鲁桓公，故称“三桓”。

1～3章意，冉求身为季氏家臣，本应辅助季氏行仁德之道以实现家国长久兴盛，但他却一味迎合季氏私心，并为其不义之举进行辩解。这样做，看起来好像是在维护季氏的利益，实际上却使得“五世希不失矣”这一规律在季氏身上变为现实，使季氏不可避免地走向衰败。

一、朋友和快乐之中，有益也有损

16.4 孔子曰：“益者三友，损者三友。友直，友谅①，友多闻，益矣。友便辟②，友善柔③，友便佞④，损矣。”

【译文】

孔子说：“对人有益的朋友有三种，对人有损的朋友有三种。正直的朋友，真诚的朋友，见闻广博的朋友，是对人有益的。惯于走歪门邪道的朋友，善于阿谀奉承的朋友，夸夸其谈的朋友，是对人有损的。”

【注释】

①谅：真诚，诚信。②便辟：惯于走歪门邪道，与“直”

16.4 日常交往的朋友中，直、谅、多闻的朋友对人有益，便辟、善柔、便佞的朋友对人有损。（对照引言，冉求算是哪种朋友？对季氏而言，他是相对。便，习熟于。辟，同“僻”，不正，歪斜。③善柔：善于当面恭维人，与“谅”相对。④便佞：能说会道、夸夸其谈而无真才实学，与“多闻”相对。

有益的朋友还是有损的朋友呢？）

16.5 孔子曰：“益者三乐，损者三乐。乐节礼乐①，乐道人之善，乐多贤友，益矣。乐骄乐②，乐佚游③，乐宴乐④，损矣。”

【译文】

孔子说：“对人有益的快乐有三种，对人有损的快乐有三种。喜欢以礼乐调节自己的行为，喜欢称道别人的好处，乐于多交贤德之友，这些快乐是对人有益的。以骄横放纵而不加节制为乐，以怠逸游玩不听善言为乐，以与小人一起宴饮纵欲为乐，这些快乐是对人有损的。”

【注释】

①节礼乐：用礼乐来调节自己的行为。②乐骄乐：以骄横放纵而不加节制为快乐，与“乐节礼乐”相对。③乐佚（yì）游：纵情游乐，而无向上之心，与“乐道人之善”相对。佚，同“逸”，放纵。④乐宴乐：喜好宴饮纵欲之乐，则必与小人相亲近，与“乐多贤友”相对。

16.5 一个人的快乐之中，以节礼乐、道人之善、多贤友为乐则有益，以骄乐、佚游、宴乐为乐则有损。（对照引言，季氏喜好的是哪种快乐？这种快乐对他自己是有益还是有损呢？）

二、做对人有益的朋友，要会合理劝谏别人

16.6 孔子曰：“侍于君子有三愆①：言未及之而言谓之躁，言及之而不言谓之隐，未见颜色而言谓之瞽②。”

【译文】

孔子说：“陪君子说话易犯三种过失：没轮到他说话，却先说，这是急躁；该说话的时候，却不说，这叫隐瞒；不看对方情绪反应，而自说自话，这叫盲目。”

【注释】

①愆（qiān）：过失。②瞽（gǔ）：眼盲。

16.6 给别人提建议，要注意合理把握时机，否则难以取得预期效果。

16.7 孔子曰："君子有三戒：少之时，血气未定，戒之在色①；及其壮也，血气方刚，戒之在斗；及其老也，血气既衰，戒之在得。"

【译文】

孔子说："君子有三戒：年少时，血气尚不稳定，要力戒猖狂无礼；壮年时，血气方刚，要力戒与人争斗；等到老年，血气衰弱，要力戒贪得无厌。"

【注释】

①色：神情，表情。《淮南子·诠言训》上说，"凡人之性，少则猖狂，壮则暴强，老则好利"，可作为本章的注解。

16.7 给别人提出的建议，要注意有针对性地克服其性格弱点。

16.8 孔子曰："君子有三畏：畏天命，畏大人①，畏圣人之言。小人不知天命而不畏也，狎②大人，侮圣人之言。"

【译文】

孔子说："君子应对三事心存敬畏：敬畏天命，敬畏在高位的人，敬畏圣人之言。小人不懂得天命，因而也不敬畏天命，不尊重地位高的人，轻侮圣人之言。"

【注释】

①大人：古代对居于高位的人称为"大人"。②狎（xiá）：态度亲近但不庄重。

16.8 给别人提出的建议，要体现对天命、大人、圣人之言的敬畏。

以6～8章内容对引言事例做进一步分析：冉有是否存在"隐"的问题？季氏是否存在"得"和不畏天命、不畏大人的问题？

三、做对人有益的朋友，应重视提高自身道德品质

16.9 孔子曰："生而知之者，上也；学而知之者，次也；困而学之，又其次也；困而不学，民斯为下矣。"

【译文】

孔子说："生来就知道，是最上等的；学习以后才知道，是

16.9 对一般人来讲，只有加强学习才能提高自己。

次一等的；遇到困难再去学习，又次一等；遇到困难后还不知学习，普通百姓就是这种最下等的了。”

16.10 孔子曰："君子有九思：视思明，听思聪，色思温，貌思恭，言思忠，事思敬，疑思问，忿思难，见得思义。"

【译文】

孔子说："君子要从九处思考：看的时候，要思考是否真正看清；听的时候，要思考是否真正听懂；对于自己的脸色，要思考是否温和；对于自己的容貌举止，要思考是否谦恭；对于说出的话语，要思考是否忠诚；办事时，要思考是否严肃认真；遇到疑问，要思考是否应该向别人询问；忿怒时，要思考是否有后患；如有所得，要思考是否合乎义的要求。"

16.10 学习的关键在于学会思考。要通过思考认清真实情况，要思考自己的态度举止是否合乎礼仪规范，思考自己的想法和言行是否符合仁智义的要求。

16.11 孔子曰："见善如不及，见不善如探汤。吾见其人矣，吾闻其语矣。隐居以求其志，行义以达其道。吾闻其语矣，未见其人也。"

【译文】

孔子说："看到高尚的行为，就赶快学，好像追赶逃跑的人而时刻担心他跑掉一样；看到粗俗恶劣的行为，就像把手伸到沸水中一样赶快避开。我见到过这样的人，也听到过这样的话。以隐居避世来保全自己的志向，依义而行来贯彻自己的主张。我听到过这种话，却没有见到过这样的人。"

16.11 考虑清楚后，应勇于行动：见善如不及，见不善如探汤，更进一步，要行义以达其道。

16.12 齐景公有马千驷[①]，死之日，民无德而称焉。伯夷叔齐饿于首阳之下，民到于今称之。其斯之谓与[②]？

【译文】

齐景公有四千匹马，但他死的时候，百姓们觉得他没有什么德行值得称颂。伯夷、叔齐饿死在首阳山下，百姓们到现在还在称颂他们。说的就是这个意思吧。

16.12 紧接上章。一个人是否仁德，天下人都有目共睹。以前有"隐居以求其志，行义以达其

【注释】

①千驷：古代一般用四匹马驾一辆车，所以一驷就是四匹马。千驷，是一笔相当富厚的资产。②其斯之谓与："斯"指的是上章中的"隐居以求其志，行义以达其道。吾闻其语矣，未见其人也"。意为古时有伯夷、叔齐这类"隐居以求其志，行义以达其道"的人，故"吾闻其语矣"，而现在却只有齐景公这样"民无德而称焉"的人，故"未见其人也"。

道"的人，现在却只有齐景公这样"民无德而称焉"的人。

四、做对人有益的朋友，应学习与人交往的方法

16.13　陈亢问于伯鱼①曰："子亦有异闻②乎？"

对曰："未也。尝独立，鲤趋而过庭。曰，'学诗乎？'对曰，'未也'。'不学诗，无以言。'鲤退而学诗。他日又独立，鲤趋而过庭。曰，'学礼乎？'对曰，'未也'。'不学礼，无以立。'鲤退而学礼。闻斯二者。"

陈亢退而喜曰："问一得三。闻诗，闻礼，又闻君子之远其子也。"

16.13 要学习诗和礼。不学诗，不知如何讲话；不学礼，不懂如何立身。

【译文】

陈亢问伯鱼："您在老师那里听到过什么特别的教诲吗？"

伯鱼回答说："没有。有一次他独自站在堂上，我快步从庭里走过，他说，'学《诗》了吗？'我回答说，'没有。'他说，'不学诗，就不懂得怎么讲话。'我回去就学《诗》。另有一天，他又独自站在堂上，我快步从庭里走过，他说，'学礼了吗？'我回答说，'没有。'他说，'不学礼就不懂得怎样立身。'我回去就学礼。只听到过这两次。"

陈亢回去高兴地说："我提一个问题，得到三方面的收获，知道关于《诗》的道理，知道关于礼的道理，又知道君子不偏爱自己儿子的道理。"

【注释】

①陈亢（gāng）、伯鱼：陈亢，字子禽。伯鱼，孔子的儿子孔鲤，字伯鱼。②异闻：不同于对其他学生所讲的内容。

结语：称谓千变，其人不变

16.14　邦君之妻，君称之曰夫人，夫人自称曰小童；邦人称之曰君夫人，称诸异邦曰寡小君；异邦人称之亦曰君夫人。

【译文】

国君的妻子，国君称她为夫人，夫人自称为小童；国人称她为君夫人，对他国人则称她为寡小君；他国人也称她为君夫人。

16.14　称呼可以千变万化，但人没有变，也不会变。其引申含义为，花言巧语对事情本质没有丝毫影响。

本章与引言相呼应。引言中冉求为季氏不义之举的辩解，就如同本章中邦君之妻变化多样的称呼一样，对事情本质没有丝毫影响。

阳货篇第十七

君子有恶

引言：无德无礼，让人厌恶

17.1 阳货①欲见孔子，孔子不见，归孔子豚②。

孔子时其亡③也，而往拜之，遇诸涂④。

谓孔子曰:“来！予与尔言。”曰⑤:“怀其宝而迷其邦⑥，可谓仁乎？”曰:“不可。”“好从事而亟⑦失时，可谓知乎？”曰：“不可。”“日月逝矣，岁不我与⑧。”

孔子曰：“诺，吾将仕矣⑨。”

【译文】

阳货想让孔子来拜会他，孔子不去。阳货便赠送给孔子一只蒸熟的小猪。(按照礼节，孔子不得不去拜谢。)

孔子趁阳货不在家时，去阳货家拜谢，没想到却在半路上遇见了。

阳货对孔子说：“过来，我有话要跟你说。”阳货说：“自己有学问，却不参与政事，听任国家政治混乱，能叫作仁吗？”阳货顿了一下，接着说：“恐怕不能算吧。”又说：“希望参与政事而又屡次失去机会，可以算是智吗？”阳货顿了一下，接着说：“恐怕不能算吧。”“时间一天天过去了，年岁是不等人的。”

孔子说：“好吧，我准备出来做官。”

【注释】

①阳货：又叫阳虎，季氏的家臣。季氏几代以来把持鲁国的政权，阳货此时又掌握了季氏的权柄。最后因企图削除三桓

17.1 阳货欲见孔子，却不依礼，而是施小伎俩迫使孔子来见。见孔子后，又言语无礼，只顾喋喋不休、巧舌如簧，逞口舌之利。孔子默不作声，最后象征性地答应一下，表现出对阳货的极度厌恶。

而未成，逃往晋国。②归（kuì）孔子豚（tún）：赠给孔子一只熟小猪。归，同“馈”，赠送。豚，小猪。《孟子·滕文公章句下》中记载，“大夫有赐于士，不得受于其家，则往拜其门。”阳货赠送孔子礼物，目的是使孔子依礼不得不到他家中拜谢。③时（sì）其亡：等他外出的时候。时，同“伺”，等待时机。④遇诸涂：在路上遇到了他。涂，同“途”，道路。⑤曰：自此以下的几个“曰”字，都是阳货的自问自答。⑥迷其邦：使国家政治混乱，不行正道。⑦亟（qì）：屡次。⑧与：赐予，施予，给予。⑨吾将仕矣：我将出来做官。孔子虽这么说，但在阳货当权之时，他一直未仕。

一、仁德之道，能使品性向善处转变

17.2 子曰：“性相近也，习①相远也。”

【译文】

先生说：“人的本性是相近的，但品格习性却相差甚远。”

【注释】

①习：经长期重复而形成的不自觉的言行思维方式，体现于个人的品德、性情、行为习惯等方面，与先天的本性相对。

17.2 人的本性相近，但品格习性却相差甚远。

17.3 子曰：“唯上知与下愚不移。”

【译文】

先生说：“只有最上等的智者与最下等的愚人，（其品性）才是不可改变的。”

17.3 除了最聪明和最愚蠢的人外，其他人的品性都可以改变。

17.4 子之武城①，闻弦歌②之声。夫子莞尔而笑，曰：“割鸡焉用牛刀③？”

子游对曰：“昔者偃也闻诸夫子曰，‘君子学道则爱人，小人学道则易使也。’”

子曰：“二三子，偃之言是也。前言戏之耳。”

17.4 一个人学习了仁德之道，品性就会向善处转变。居上位的人学道就能爱人，

【译文】

先生到武城，听见弹琴瑟唱诗歌的声音。先生不觉莞尔而笑，说："杀鸡何必用宰牛的刀呢？"

子游答道："以前我听先生说过，'居上位的人学习仁德之道就能爱人，地位低的人学习仁德之道就易于管理。'"

先生说："弟子们，言偃的话是正确的。我刚才说的话，只是开个玩笑而已。"

【注释】

①之武城：之，动词，去、往。武城，鲁国的一个小城，当时子游是武城宰。②弦歌：以琴瑟伴奏歌唱。弦，指琴瑟。③割鸡焉用牛刀：鸡和牛，分别指德行一般和德行较高之人。孔子认为，仁德的品性，兴于诗、立于礼、成于乐。诗是针对德行较浅的人，学诗以激发其仁德之心；礼是针对有一定德行基础的人，学礼以规范其言行；乐则是针对德行较高之人，学乐使其仁德水平达到至境。所以孔子听到弦歌之声，觉得用乐来教化品性一般的人，是"割鸡用牛刀"。而子游之意，诗礼乐是一体的，都属仁德之道，一并教人，有益而无害。对此，孔子予以肯定。

地位低的人学道则易于管理。

17.5　公山弗扰①以费畔②，召，子欲往。

子路不说，曰："末之也已③，何必公山氏之之也④？"

子曰："夫召我者，而岂徒⑤哉？如有用我者，吾其为东周乎⑥！"

【译文】

公山弗扰在费邑反叛，来召孔子，孔子准备前往。

子路不高兴地说："没有地方去就算了，为什么要去公山弗扰那里呢？"

先生说："他来召我，难道会召而不用吗？如果用我，我就要在东方建成伟大的周王朝的缩影。"

17.5　即使是叛乱之地，孔子也有信心把它建设成为伟大的周王朝的缩影。（孔子打算怎么做？深入叛乱之地后，他自己的品性会受到影响吗？）

【注释】

①公山弗扰:人名,又称公山不狃(niǔ),季氏的家臣。②畔:同“叛”,谋反。③末之也已:末,无,没有地方。之,到、往。已,止。④何必公山氏之之也:“何必之公山氏也”的倒装。其中第一个“之”字是帮助倒装的结构助词,后一个“之”字是动词,去、往。⑤徒:徒然,意指召而不用。⑥为东周乎:建成一个东方的周王朝。

17.6 子张问仁于孔子。孔子曰:“能行五者于天下为仁矣。”

“请问之。”曰:“恭,宽,信,敏,惠。恭则不侮,宽则得众,信则人任焉,敏则有功,惠则足以使人。”

【译文】

子张向孔子请教仁。孔子说:“能够将五种品德推行于天下的,就是仁了。”

“请问哪五种。”孔子说:“恭敬,宽厚,诚信,勤敏,慈惠。恭敬,则不为人辱慢;宽厚,则易得人心;诚信,则能受人信任;勤敏,则会见成效;慈惠,则能团结和驾驭别人。”

17.6 紧接上章。孔子要做的,就是将恭、宽、信、敏、惠的仁德之道,施行于叛乱之地。

17.7 佛肸①召,子欲往。

子路曰:“昔者由也闻诸夫子曰,‘亲于其身为不善者,君子不入也。’佛肸以中牟②畔,子之往也,如之何?”

子曰:“然,有是言也。不曰坚乎,磨而不磷③;不曰白乎,涅④而不缁⑤。吾岂匏瓜⑥也哉,焉能系⑦而不食?”

【译文】

佛肸召,先生打算前往。

子路说:“从前我听先生说过,‘亲自做坏事的人那里,君子是不去的。’现在佛肸据中牟反叛,您却要去,这是为何?”

先生说:“是的,我说过这话。但是,不是说真正的坚硬,

17.7 同时,孔子对自己的品性很有信心,认为自己的品性坚毅、磨而不磷,纯洁、涅而不缁,决不会受外界环境的影响。

磨也磨不薄；不是说真正的洁白，染也染不黑吗？我难道是匏瓜吗，怎么能只挂在那里而不给人吃呢？”

【注释】

①佛（bì）肸（xī）：晋国大夫赵氏的家臣，中牟城邑宰。②中牟：地名，在晋国，约在今河北邢台与邯郸之间。③磷（lìn）：薄。④涅（niè）：本是一种矿物，可用作黑色颜料染衣服。这里作动词，用黑色颜料染。⑤缁（zī）：黑色。⑥匏（páo）瓜：葫芦的一种，有苦、甜两种，味苦的不能吃，可用于帮助泅（qiú）水。⑦系：悬，挂。

二、学习诗和礼，品性将更趋完善

17.8　子曰：“由也，女闻六言六蔽矣乎？”对曰：“未也。”

“居①，吾语女。好仁不好学，其蔽也愚②；好知不好学，其蔽也荡③；好信不好学，其蔽也贼④；好直不好学，其蔽也绞；好勇不好学，其蔽也乱；好刚不好学，其蔽也狂。”

【译文】

先生说：“由，你听说过六种品德和六种蔽塞之病吗？”子路回答说：“没有。”

先生说：“坐，我告诉你。好仁德而不好学习，其蔽塞之病是易受人愚弄；好智慧而不好学习，其蔽塞之病是放荡不羁；好诚信而不好学习，其蔽塞之病是（容易被人利用，反而）伤害自己；好直率而不好学习，其蔽塞之病是说话尖刻；好勇敢而不好学习，其蔽塞之病是容易作乱闯祸；好刚强而不好学习，其蔽塞之病是狂妄自大。”

【注释】

①居：坐。②愚：文中指易受人愚弄。朱熹注曰，“愚，若可陷可罔之类。”③荡：言行不受约束。朱熹注曰，“荡，谓穷高极广而无所止。”④贼：伤害。

17.8　如果不学习，每种品德都易产生相应的弊端。好仁德，易受愚弄；好智慧，易放荡不羁；好诚信，易受伤害；好直率，易说话尖刻；好勇敢，易作乱；好刚强，易狂妄自大。（应该学习什么呢？）

17.9 子曰："小子何莫学夫诗？诗，可以兴①，可以观②，可以群③，可以怨④。迩⑤之事父，远之事君。多识于鸟兽草木之名。"

【译文】

先生说："弟子们为什么不学习《诗》呢？学《诗》，可以激发真挚的感情和仁德的品质，可以增强对人情世态的观察力，可以学到与人打交道的方法，可以学到委婉劝谏的技巧。近可以用来侍奉父母，远可以用来事奉君主。还可以多认识一些鸟兽草木的名字。"

【注释】

①兴：激发（真挚的感情和仁德的品质）。②观：观察了解（天地万物与人间万象）。③群：与人打交道。④怨：抒发心中不平，讽刺不合理的现象。⑤迩（ěr）：近。

17.9 克服六蔽，首先应学习诗。通过学诗，激发真挚的感情和仁德的品质，增强对人情世态的观察力，学习与人打交道的方法和委婉劝谏的技巧等。

17.10 子谓伯鱼曰："女为《周南》《召南》①矣乎？人而不为《周南》《召南》，其犹正墙面而立②也与！"

【译文】

先生对伯鱼说："你学习《周南》《召南》了吗？一个人如果不学习《周南》《召南》，那就像面对墙壁站着，一步也不能向前走了吧！"

【注释】

①《周南》《召南》：《诗经·国风》中的第一、第二部分篇名。②正墙面而立：面向墙壁站立。

17.10 紧接上章。不学诗，就一步也无法前进。

17.11 子曰："礼云礼云，玉帛云乎哉？乐云乐云，钟鼓云乎哉①？"

【译文】

先生说："礼呀礼呀，难道只是说玉帛之类的东西吗？乐呀乐呀，难道只是说钟鼓之类的乐器吗？"

17.11 还要学习礼和乐，关键是领会其精神内涵。

【注释】

①钟鼓云乎哉：朱熹注曰，“敬而将之以玉帛，则为礼；和而发之以钟鼓，则为乐。遗其本而专事其末，则岂礼乐之谓哉？”

三、要分辨和远离不良品性

17.12 子曰：“色厉而内荏①，譬诸小人，其犹穿窬②之盗也与？”

【译文】

先生说：“外表威严而内心怯懦，以小人做比喻，就像是钻墙洞的小偷吧？”

【注释】

①色厉内荏（rěn）：外表威严而内心怯懦。厉，威严。荏，软弱。②窬（yú）：洞。

17.12 必须善于分辨并远离不良品性。

不能外表威严而内心怯懦。

17.13 子曰：“乡愿①，德之贼也。”

【译文】

先生说：“没有是非观念的好好先生，是败坏道德的小人。”

【注释】

①乡愿：乡里人都称道的老好人。其特点是，无是非观念，不愿得罪人。这种人看起来似乎有涵养有道德，实际上不仅毫无道德，而且于社会道德有害，所以孔子认为是德之贼。愿，老实谨慎，恭敬。

17.13 不能做无是非观念的老好人。

17.14 子曰：“道听而涂说，德之弃也。”

【译文】

先生说：“在路上听到传言就四处传播，这是有德之人所不齿的。”

17.14 不能道听而途说。

17.15　子曰："鄙夫①可与事君也与哉？其未得之也，患得之。既得之，患失之。苟患失之，无所不至矣。"

17.15　不能患得患失，执着于官位。

【译文】

先生说："可以让一个品德低下恶劣的人事奉君主吗？他在没有得到官位时，总担心得不到。已经得到了，又怕失去。如果他担心失掉官职，那就什么事都干得出来。"

【注释】

①鄙夫：品德低下恶劣的人。

17.16　子曰："古者民有三疾，今也或是之亡也。古之狂①也肆②，今之狂也荡③；古之矜也廉④，今之矜也忿戾⑤；古之愚也直，今之愚也诈而已矣。"

17.16　志向高远者可因偏激而肆意直言，却不能放荡不羁；庄重自尊者可因偏激而难以接近，却不能蛮横不讲理；愚者可以天真率直、无所防范，却不能利用他人信任而狡诈百出。

【译文】

先生说："古人有三种偏激的毛病，现在恐怕连这三种毛病也不是原来的样子了。古代的狂者是志向高远而肆意直言，现在的狂者却是放荡不羁；古代庄重自尊的人不过是操守严谨、难以接近，现在那些所谓庄重自尊的人却是蛮横不讲理；古代愚笨的人天真率直、无所防范，现在的愚者却是狡诈百出！"

【注释】

①狂：志向高远而狂妄自大。②肆：不拘小节。③荡：言行不受约束。④矜（jīn）也廉：矜，庄重自尊。廉，棱角分明、难以接近。⑤忿（fèn）戾（lì）：态度蛮横，动辄发怒。

17.17　子曰："巧言令色，鲜矣仁。"

17.17　不能巧言令色。

【译文】

先生说："总是花言巧语并装出和颜悦色样子的人，极少拥有仁德品质。"

四、君子的厌恶

17.18 子曰："恶紫之夺朱①也，恶郑声之乱雅乐也，恶利口之覆邦家者②。"

【译文】

先生说："我厌恶用紫色（杂色）取代红色（正色），厌恶用郑国的音乐扰乱雅乐，厌恶以伶牙俐齿颠覆邦、家的人。"

【注释】

①恶紫之夺朱：春秋时期，鲁桓公和齐桓公都喜欢穿紫色衣服。从《左传》哀公十七年卫浑良夫"紫衣狐裘"而被罪的事情看，那时的紫色可能已代替了朱色而变为诸侯衣服的正色了。②利口之覆邦家者：朱熹引范氏曰，"利口之人，以是为非，以非为是，以贤为不肖，以不肖为贤。人君苟悦而信之，则国家之覆也不难矣。"

17.18 孔子厌恶扰乱礼乐制度的行为，厌恶那些以口舌之利颠覆邦家的人。（礼崩乐坏是政治失序的重要表现。听信花言巧语而不行仁德之道，是邦家败亡的重要原因。）

17.19 子曰："予欲无言。"子贡曰："子如不言，则小子何述焉？"子曰："天何言哉？四时行焉，百物生焉，天何言哉？"

【译文】

先生说："我不想说话了。"子贡说："您如果不说话，那么我们这些弟子还传述什么呢？"先生说："天何尝说话呢？四季照常运行，百物照样生长。天说了什么话呢？"

17.19 孔子对所厌恶之事，连提都不想提。

17.20 孺悲①欲见孔子，孔子辞以疾②。将命者③出户，取瑟而歌，使之闻之。

【译文】

孺悲想见孔子，孔子以有病为由推辞不见。传话的人刚出门，孔子便取来瑟边弹边唱，有意让孺悲听到。

17.20 紧接上章。但还要以适当方式，让别人知道。

【注释】

①孺悲：鲁国人。②辞以疾：即以疾辞，以有病为借口推辞。孟子曰："教亦多术矣。予不屑之教诲也者，是亦教诲之而已矣。"（《孟子·告子下》）孔子故意不见孺悲，并且使他知道，可能也正是此意。③将命者：传话的人。

17.21 宰我问："三年之丧，期已久矣。君子三年不为礼，礼必坏；三年不为乐，乐必崩①。旧谷既没，新谷既升，钻燧改火②，期③可已矣。"

子曰："食夫稻④，衣夫锦，于女安乎？"

曰："安。"

"女安，则为之！夫君子之居丧，食旨⑤不甘，闻乐不乐，居处不安⑥，故不为也。今女安，则为之！"

宰我出。子曰："予之不仁也！子生三年，然后免于父母之怀。夫三年之丧，天下之通丧也。予也有三年之爱于其父母乎？"

【译文】

宰我问："服丧三年，时间太长了。君子三年不施行礼仪，社会上的礼仪规范必然败坏；三年不正音乐，社会上的音乐水准就会大幅下降。旧谷吃完，新谷成熟，钻燧取火的木头轮过了一遍，有一年的时间就可以了。"

先生说："父母死了不到三年，你就吃白米饭，穿锦缎衣，你心安吗？"

宰我说："我心安。"

先生说："你心安，你就那样去做吧！君子居丧，吃美味不觉得香甜，听音乐不觉得快乐，住在家里不觉得舒服，所以不那样做。如今你既然觉得心安，你就那样去做吧！"

宰我出去后，先生说："宰予真是不仁啊！小孩子出生以后，到三岁时才能离开父母的怀抱。服丧三年，这是天下通行的丧礼。难道宰予没有从他父母的怀抱里得到过三年的疼爱吗？"

17.21 宰我提出的变三年之丧为一年之丧的想法，违背人伦本性，真让人厌恶。（孝悌为仁之本。宰我提出变三年之丧为一年之丧，表面上是逞口舌之利，实际上却是削弱了仁德大道的根本，动摇了国家长治久安的基础。其可谓"利口之覆邦家者"。）

【注释】

①礼必坏、乐必崩：坏，败坏。崩，坠失。三年之丧是古礼，在孔子时代已经很久不实行了，所以宰我质疑，是否应据实改变礼制。②钻燧改火：古人钻木取火，四季所用木头不同。马融引《周书·月令篇》文，“春取榆柳之火，夏取枣杏之火，季夏取桑柘（zhè）之火，秋取柞（zuò）楢之火，冬取槐檀之火。”一年之中，钻火各异，故曰改火。③期（jī）：一年。④食夫稻：古代北方以稷（小米）为主食，很少种稻米，故大米很珍贵。⑤旨：甜美，指味美的食物。⑥居处不安：古代孝子要居住在临时用草料木料搭成的凶庐里，睡在用草编成的垫子上。这里的“居处”指平日的居住生活而言。

17.22　子曰：“饱食终日，无所用心，难矣哉！不有博弈[①]者乎？为之，犹贤乎已[②]。”

17.22　饱食终日而无所用心的人，让人厌恶。（这种人的精神状态，与喜好郑声而沉溺于个人情绪、慵散不可自拔的人的精神状态相似。故孔子恶“郑声之乱雅乐也”。）

【译文】

先生说：“整天吃饱了饭，什么心思也不用，这种人很难有所作为呀！不是还有下棋的游戏吗？干干这个，也比闲着好。”

【注释】

①博弈：博，古代的一种棋局，先掷骰（tóu）子［俗称“色（shǎi）子”］，再行棋。这种博与弈相近。后人只掷骰子，不行棋，虽仍称为博但指的是赌博，博与弈差别就大了。弈，围棋。②贤乎已：贤，胜过。已，止，什么事也不做。

17.23　子路曰：“君子尚勇乎？”子曰：“君子义以为上。君子有勇而无义为乱，小人有勇而无义为盗。”

17.23　尚勇无义者，让人厌恶。（君子义以为上，但社会上却崇尚勇

【译文】

子路说：“君子崇尚勇敢吗？”先生答道：“君子以义作为

最高的行为准则。居上位的人有勇无义就会作乱，地位低的人有勇无义就会做土匪强盗。”

敢，可谓“紫之夺朱”。）

17.24　子贡曰：“君子亦有恶①乎？”子曰：“有恶：恶称人之恶者，恶居下流②而讪③上者，恶勇而无礼者，恶果敢而窒④者。”

曰：“赐也亦有恶乎？”“恶徼⑤以为知⑥者，恶不孙⑦以为勇者，恶讦⑧以为直者。”

【译文】

子贡说：“君子也有所厌恶的人吗？”先生说：“有厌恶的人。厌恶到处传扬别人坏处的人，厌恶身居下位而诽谤在上位者的人，厌恶勇敢而不懂礼节的人，厌恶做事果决却不通事理的人。”

先生说：“赐，你也有所厌恶的人吗？”子贡说：“厌恶抄袭别人的想法却自以为聪明的人，厌恶不懂得谦虚却自以为勇敢的人，厌恶揭露别人的隐私却自以为直率的人。”

【注释】

①恶（wù）：厌恶。②下流：下等的，在下的。③讪（shàn）：诽谤。④窒：阻塞，不通事理。⑤徼（jiāo）：窃取，抄袭。⑥知：同“智”。⑦孙：同“逊”。⑧讦（jié）：揭露别人隐私。

17.24　没有道德、不讲礼仪的人，以及把不道德当作道德的人，都让人厌恶。

结语：小人品性，四十岁后就难改了

17.25　子曰：“唯女子与小人为难养也。近之则不孙，远之则怨。”

【译文】

先生说：“女子和小人难以相处。亲近了，他们就会无礼；疏远了，他们就会怨恨。”

17.25　阳货欲见孔子，并以小伎俩迫使孔子来见，可谓“远之则怨”；与孔子“遇诸途”后，言语却极为无礼，可谓“近之则不逊”。

17.26　子曰："年四十而见恶焉，其终也已。"

【译文】

先生说："到了四十岁还被人厌恶，这人的一辈子大概也就这样了。"

17.26　阳货此时必已四十岁以上，其小人品性已很难改变。孔子不愿见阳货，可能也与此有关。

微子篇第十八

君臣之义

引言：君主不明，贤良受辱

18.1　微子①去之，箕子②为之奴，比干③谏而死。孔子曰："殷有三仁焉。"

【译文】

纣王暴虐无道，微子离他而去，箕子被贬为奴隶，比干因劝谏而被杀。孔子说："殷朝有三位仁人啊！"

【注释】

①微子：名启，殷纣王的同母兄长。因纣王无道，劝谏又不听从，遂离开纣王。②箕（jī）子:殷纣王的叔父。纣王无道，他曾多次劝谏，纣王不听，便披发装疯，被贬为奴隶。③比干:殷纣王的叔父，屡次强谏，激怒纣王被杀。

18.1　三位仁人事君以忠，残暴之君却不能善待他们。

18.2　柳下惠为士师①，三黜②。人曰："子未可以去乎？"曰："直道而事人，焉往而不三黜？枉道而事人，何必去父母之邦？"

【译文】

柳下惠当典狱官，多次被免官。有人说："你不可以离开鲁国吗？"柳下惠说："按正道事奉长官，到哪里不会被多次罢官呢？如果不按正道事奉长官，为什么一定要离开本国呢？"

【注释】

①士师：典狱官，掌管刑狱。②黜（chù）：贬退，罢免。

18.2　柳下惠事上以直，平庸之主却三次罢黜他。

一、君主不知待贤之道

18.3 齐景公待孔子曰："若季氏，则吾不能；以季、孟之间待之。"曰："吾老矣，不能用也。"孔子行。

【译文】

齐景公谈到对待孔子的打算时说："像鲁君对待季氏那样对待孔子，我做不到，我用介于季氏孟氏之间的礼遇来对待他。"私下里说："我老了，不能用他了。"孔子离开了齐国。

18.3 君主不敬重和使用贤者，孔子选择离开。

18.4 齐人归①女乐，季桓子②受之，三日不朝。孔子行。

【译文】

齐国人给鲁国送来一些歌女，季桓子接受了，三天不上朝。孔子于是离开了。

【注释】

①归：同"馈"，赠送。②季桓子：鲁大夫季孙斯。据《史记·孔子世家》记载，定公十四年，孔子为鲁司寇，摄行相事。齐人惧，归女乐以沮之。桓子受齐女乐，三日不听政。

18.4 居上位者德行不正，孔子选择离开。

二、贤者不忘为臣之义

18.5 楚狂接舆①歌而过孔子曰："凤兮凤兮！何德之衰②？往者不可谏，来者犹可追。已而，已而！今之从政者殆而！"

孔子下，欲与之言。趋而辟之，不得与之言。

【译文】

楚国的狂人接舆唱着歌从孔子的车旁走过，他唱道："凤凰啊，凤凰啊！你的德行怎么变得这么低下了呢？过去的事已经无可挽回，以后的事还来得及改正。算了吧，算了吧。现在从政的人多么危险啊！"

18.5 楚狂接舆提醒孔子，当今世道衰微，君主德行不彰，从政很危险。

孔子下车,想同他谈谈。他却赶快避开,孔子没能和他交谈。

【注释】

①接舆：非其真实姓名，以其路过孔子所乘之车，故称之为接舆。②何德之衰:凤有道则现,无道则隐。接舆以凤比孔子,讥讽他在天下无道时仍四处奔波，不能退隐，是为德衰。

18.6 长沮、桀溺①耦而耕②。孔子过之，使子路问津③焉。

长沮曰：“夫执舆④者为谁？”子路曰：“为孔丘。”曰：“是鲁孔丘与？”曰：“是也。”曰：“是知津矣。”

问于桀溺。桀溺曰：“子为谁？”曰：“为仲由。”曰：“是鲁孔丘之徒与？”对曰：“然。”曰：“滔滔者天下皆是也，而谁以易之？且而与其从辟⑤人之士也，岂若从辟世之士哉？”耰⑥而不辍。

子路行以告。夫子怃然⑦曰：“鸟兽不可与同群，吾非斯人之徒与而谁与？天下有道，丘不与易也。”

【译文】

长沮、桀溺一起耕作。孔子路过，让子路去寻问渡口在哪里。

长沮问子路：“那个拿着缰绳的人是谁？”子路说：“是孔丘。”长沮说:“是鲁国的孔丘吗？”子路说:“是的。”长沮说:“那他早已知道渡口在哪儿了。”

子路再去问桀溺。桀溺说：“你是谁？”子路说：“我是仲由。”桀溺说：“你是鲁国孔丘的弟子吗？”子路说：“是的。”桀溺说：“天下都是洪水滔滔，你们同谁一起去改变这个现状呢？而且你呀，与其跟随那个避开无道君主的人，还不如跟从我们这些避开社会现实的人呢！”一面说，一面不停歇地用土把种子盖上。

子路回来后把情况报告给孔子。孔子怅然说：“人不可能与鸟兽同群。我不和天下人在一起，又该和谁在一起呢？如果天下政治清明，我就不同他们一起推行变革了。”

18.6 但是孔子认为，天下无道，他有责任与天下人一起，共同推动社会变革。

【注释】

①长沮（jǔ）、桀（jié）溺（nì）：两位隐士，真实姓名和身世不详。两个名字合在一起，意为一直阻止（长沮）杰出的人沉迷不悟（桀溺）。②耦（ǒu）而耕：两个人合力耕作。③问津：寻问渡口。津，渡口。④执舆：即执辔（pèi），拿着缰绳。⑤辟：同“避”。⑥耰（yōu）：用土覆盖种子。⑦怃（wǔ）然：怅然，失意。

18.7 子路从而后，遇丈人①，以杖荷蓧②。子路问曰：“子见夫子乎？”丈人曰：“四体不勤，五谷不分③。孰为夫子？”植其杖而芸④。子路拱而立。止子路宿，杀鸡为黍⑤而食⑥之。见其二子焉。明日，子路行以告。子曰：“隐者也。”使子路反见之。至，则行矣。

子路曰：“不仕无义。长幼之节，不可废也⑦；君臣之义，如之何其废之？欲洁其身，而乱大伦。君子之仕也，行其义也。道之不行，已知之矣。”

18.7 同时孔子也认为，从政事君是君臣大义所在。

【译文】

子路随先生出行，落在后面，遇一老者，用拐杖挑着除草的工具。子路问道：“您看到我的老师了吗？”老者说：“你这个人，四体不勤，五谷不分。谁是你的老师啊？”说完，把拐杖插在地上，到田里除草。子路拱着手恭敬地站在一旁。老者留子路到他家住宿，杀鸡、煮饭款待他，又叫两个儿子出来拜见。第二天，子路告诉先生此事。先生说：“这是个隐士啊。”叫子路回去再看看他。子路到了那里，老者已经出门了。

子路说：“不出来做官是不对的。长幼之节不可能废弃，君臣之义又怎么能废弃呢？想要自身清白，却破坏了君臣伦理关系。君子做官，只是尽应尽之责。至于大道难以推行，早已经知道了。”

【注释】

①丈人：古时对老年男子的敬称。②蓧（diào）：古代去除

田中草所用的工具。③四体不勤，五谷不分：批评子路从师远游，徒劳无功，还不如参加农业生产。④芸：同“耘”，除草。⑤黍(shǔ)：就是现在的黍子，也叫黄米。它比当时的主要粮食稷（小米）的收获量小，因此也算是比较珍贵的主食。⑥食（sì）：给人吃。⑦长幼之节，不可废也：丈人待子路甚倨傲，而子路更加恭敬，因此丈人让其二子拜见子路，以示对子路的尊敬。由此可知，丈人未废长幼之节。

18.8 逸①民：伯夷、叔齐、虞仲、夷逸、朱张、柳下惠、少连②。

子曰：“不降其志，不辱其身，伯夷、叔齐与！”谓柳下惠、少连，“降志辱身矣，言中伦，行中虑，其斯而已矣。”谓虞仲、夷逸，“隐居放言，身中清，废中权③。”

“我则异于是，无可无不可④。”

18.8 不同于不降其志不辱其身、降志辱身、隐居放言这三种逸民，孔子对于从政的态度是有条件就从政做官，没条件就不从政。

【译文】

被社会遗落未使用的贤人：伯夷、叔齐、虞仲、夷逸、朱张、柳下惠、少连。

先生说：“不降低自己的志向追求，不使自己受辱，是伯夷、叔齐吧！”谈到柳下惠、少连，说：“降低了自己的志向追求，使自己受到屈辱，但说话合乎情理，行为体现自己的意志。也就是这样了。”谈到虞仲、夷逸，说：“隐居而不谈世俗事务，立身行事符合清高的品格，放弃自我的政治追求符合变通的道理。”

“我却同这些人不同，没有非要怎样，也没有不能怎样。”

【注释】

①逸：同“佚”，散失、遗弃。②虞仲、夷逸、朱张、少连：此四人身世无从考证。③身中（zhòng）清，废中（zhòng）权：立身行事符合清高的品格，放弃自我的政治追求符合变通的道理。④无可无不可：没有什么必须去做，也没有什么绝对不能做。孟子曰：“可以仕则仕，可以止则止，可以久则久，可以速则速：孔子也。”（见《孟子·公孙丑上》）

三、君主应该珍惜人才

18.9 大师挚①适齐，亚饭②干适楚，三饭缭适蔡，四饭缺适秦，鼓方叔③入于河，播鼗④武入于汉，少师⑤阳、击磬襄⑥入于海。

【译文】

太师挚到齐国去了，亚饭干到楚国去了，三饭缭到蔡国去了，四饭缺到秦国去了，击鼓的方叔去了黄河地区，摇小鼓的武去了汉水之畔，少师阳和击磬的襄到海滨去了。

【注释】

①大师挚：大同“太”。太师是鲁国乐官之长，挚是人名。②亚饭、三饭、四饭：都是乐官名。亚饭，第二次吃饭时奏乐的乐师。古代天子诸侯吃饭时都要奏乐，因此乐师有“亚饭”“三饭”“四饭”之称。干、缭（liáo）、缺是人名。③鼓方叔：击鼓的乐师，名方叔。④播鼗（táo）：摇小鼓。播，摇。鼗，两旁缀灵活小耳的小鼓，俗称“拨浪鼓”。⑤少师：乐官名，副乐师。⑥击磬（qìng）襄：击磬的乐师，名襄。

18.9 鲁国的乐师都离开鲁君，不再为他服务了。（为什么呢？）

18.10 周公谓鲁公①曰：“君子不施②其亲，不使大臣怨乎不以③。故旧无大故，则不弃也。无求备于一人！”

【译文】

周公对鲁公说：“君子不疏远他的亲族，不使大臣们抱怨自己没被充分使用。旧友老臣没有大的过失，就不要抛弃他们。不要对人求全责备。”

【注释】

①鲁公：指周公的儿子伯禽，封于鲁。②施：同“弛”，怠慢、疏远。③以：用。

18.10 回想起当年周公曾对鲁公说：要善待亲属，重用贤臣，不弃故旧，对人不求全责备。（联系上章，显然鲁君未做到这些，所以为他服务的乐师都离开了。）

结语：八士无名

18.11　周有八士：伯达、伯适、仲突、仲忽、叔夜、叔夏、季随、季骃①。

【译文】

周朝有八位名士：伯达、伯适、仲突、仲忽、叔夜、叔夏、季随、季骃。

【注释】

①季骃（guā）：此八人事迹不详。有人说在周成王时，有人说在宣王时，有人认为是武王时期的尹氏八士，均不可考。

18.11　在周朝兴盛的年代里，贤士得到重用、才能充分发挥，功绩自然都归于君主，贤士的个人事迹反倒不为人知。

在引言中，君主不重视、不使用甚至残害贤士，反倒成就了这些贤士的仁德名声。而结语中受到重用的八士，事迹反而不为人知，也就没有什么名气了。

子张篇第十九

大道永传

一、综述（子张）

19.1　子张曰："士见危致命，见得思义，祭思敬，丧思哀，其可已矣。"

【译文】

子张说："作为一个士，遇见危险勇于献出生命，看到利益时考虑自己是否应得，祭祀时做到严肃恭敬，居丧时真正从内心感到哀伤，也就可以了。"

19.1　子张将个人品德修养的要求总结为"见危致命，见得思义，祭思敬，丧思哀"。

19.2　子张曰："执德不弘①，信道不笃②，焉能为有，焉能为亡③？"

【译文】

子张说："一个人，遵守德的要求（却只是一味恪守小义小节小信）而不能弘扬光大到国家民族大义，相信道的主张（却只是服从于个人名利之需）而做不到忠贞信仰。这样的人，有他与没他有什么区别呢？"

【注释】

①执德不弘：执，守。弘，大。执德不弘，可能如"桓公杀公子纠，召忽死之"之类；而"管仲相桓公，霸诸侯，一匡天下，民到于今受其赐"，则是将德发扬光大。②笃：厚重。③焉能为有，焉能为亡（wú）：意指无足轻重。亡，同"无"。

19.2　更进一步，要将德的要求弘扬光大到国家民族大义，并始终如一地坚信道的主张。

19.3 子夏之门人问交于子张。子张曰:“子夏云何?”对曰:“子夏曰,‘可者与之,其不可者拒之。’”

子张曰:“异乎吾所闻:君子尊贤而容众,嘉善而矜不能。我之大贤与,于人何所不容?我之不贤与,人将拒我,如之何其拒人也?”

【译文】

子夏的弟子向子张请教如何交友。子张说:“子夏是怎么说的?”答道:“子夏说,‘可以相交的就相交,不可以相交的就拒绝。’”

子张说:“我所听到的与此不同:君子既尊重贤人,又能容纳众人;赞赏能力强的人,又同情能力不够的人。如果我很贤良,那么对别人有什么不能容纳的呢?如果我不贤良,那么别人就会拒绝我,又怎么谈得上拒绝别人呢?”

19.3 紧接上章。同时还要引导和教化其他人,不能只独善其身。

二、君子学以致其道(子夏)

19.4 子夏曰;“虽小道①,必有可观者焉,致远恐泥②,是以君子不为也。”

【译文】

子夏说:“即使是小的技艺,也一定有可取之处,但如果想用它来达到宏伟远大的目标就行不通了。所以君子不学不做那些事情。”

【注释】

①小道:指农圃医卜之类的技能。②泥:阻滞,不通。

19.4 小的技能无助于实现宏伟远大的目标。所以君子不在“小道”上耗费心力。

19.5 子夏曰:“日知其所亡,月无忘其所能,可谓好学也已矣。”

【译文】

子夏说:“每天学到一些过去所不知道的东西,每月都不忘记已经学会的东西,就可以叫作好学了。”

19.5 在学习态度上,要持之以恒,日积月累,久久为功。

19.6　子夏曰："博学而笃志，切问[①]而近思，仁在其中矣。"

【译文】

子夏说："通过博学以坚定志向，通过联系实际提出问题并根据自身经验思考其中的道理和改进的方法，仁就在其中了。"

【注释】

①切问：贴近实际提出问题。切，靠近、贴近。

19.6　在学习方法上，要通过博学以坚定志向，通过联系实际来学以致用。

19.7　子夏曰："百工居肆[①]以成其事，君子学以致其道。"

【译文】

子夏说："各行各业的工匠在作坊里干活，目的是完成自己所造的物品。君子加强学习，目的是掌握道。"

【注释】

①百工居肆：百工，各行各业的工匠。肆，古代制作物品的作坊。

19.7　在学习目标上，君子要把掌握大道作为学习目标。

19.8　子夏曰："小人之过也必文[①]。"

【译文】

子夏说："小人犯了过错一定会去掩饰。"

【注释】

①文：掩饰。

19.8　紧接上章。小人不学大道，只会想办法掩饰过错。

三、君子善于与人交往（子夏）

19.9　子夏曰："君子有三变：望之俨然，即之也温，听其言也厉。"

【译文】

子夏说："君子有三种变化：远远看到，觉得很庄重；接触起来，感觉很温和；听他说话，感觉一丝不苟。"

19.9　君子待人，应表情庄重、态度温和、言语一丝不苟。

19.10　子夏曰："君子信而后劳其民①，未信，则以为厉己也；信而后谏，未信，则以为谤己也。"

【译文】

子夏说："君子要先取得百姓的信任，然后再劝勉百姓勤奋进取，否则百姓会以为是在虐待他们；要先取得别人的信任，然后再去规劝，否则别人会以为是在诽谤他。"

【注释】

①劳其民：劝勉百姓使其勤奋进取。劳，与《论语·子路篇第十三》中"子路问政。子曰：'先之，劳之。'"的"劳"字同义，均指使百姓勤奋进取。这样解释，与"信而后谏"的含义相切合，意指君子即使是从对方利益出发而进行劝勉（劝谏），也要以取得对方信任为前提。有人将"劳"字解释为役使，则句意不通：君子先取得百姓信任，然后再役使他们，难道就不算虐待了吗？故不从。

19.10　君子应先取得别人的信任，然后再引导和劝谏别人。

19.11　子夏曰："大德①不逾闲②，小德出入可也③。"

【译文】

子夏说："大节上不突破界限，小节上有些出入是可以的。"

【注释】

①大德、小德：指大节小节。②闲：木栏，这里指界限。③小德出入可也：这应该是对别人的品德要求，即只要大的原则性问题不出错就可以了，在小节上有些出入，不必求全责备。但是对自己的德行修养，则应该"如切如磋，如琢如磨"。

19.11　君子要宽以待人。只要在大节上不突破界限就可以了，不要在小节上求全责备。

19.12　子游曰："子夏之门人小子，当洒扫应对进退，则可矣，抑①末也。本之则无，如之何？"

子夏闻之，曰："噫，言游过矣！君子之道，孰先传焉，孰后倦②焉？譬诸草木，区以别矣。君子之道，焉可诬③也？有始有卒者，其惟圣人乎？"

19.12　君子育人，要因材施教，循序渐进。

【译文】

子游说："子夏的弟子，对于洒水扫地和迎送客人的事情，已是可以了。但这些只是末节小事。至于礼仪之道的根本，却没有学到，这怎么行呢？"

子夏听了，说："子游言过其实了。君子之道，应该先传授哪些，然后如何根据学生的言行表现做进一步指导教诲呢？学生的悟性和资质就像草和木一样高低不同，因此教学方法要区别对待。君子的育人之道，怎么能随意诬蔑呢？对学生不加区分，将大道的本与末、始与终同时传授给学生，恐怕只有圣人才能够做到吧！"

【注释】

①抑：连词，但是、可是。②倦：诲人不倦的"倦"。③诬：诬蔑。

19.13　子夏曰："仕而优①则学，学而优则仕。"

19.13　君子学有所成，应从政服务于社会。

【译文】

子夏说："做官之后还有余力的人，应该去学习；学习有余力的人，应该去做官。"

【注释】

①优：有余力。

四、君子善于养其德（子游、曾子）

19.14　子游曰："丧致①乎哀而止。"

19.14　真挚的情感，是仁德礼仪的本源。

【译文】

子游说："丧礼，能够让人充分表达出悲哀就可以了。"

【注释】

①致：极、尽，指人的感情充分表达出来。

19.15　子游曰："吾友张也，为难能也，然而未仁。"

【译文】

子游说："我的朋友子张的品德修养可以说是难能可贵了，然而还没有达到仁。"

19.15　子张的品德修养虽难得，但未达到仁。（为什么呢？）

19.16　曾子曰："堂堂①乎张也，难与并为仁矣。"

【译文】

曾子说："子张总是显得高不可攀，别人很难和他一起践行仁道。"

【注释】

①堂堂：形容容貌壮伟、气势宏大，以至于显得高不可攀。孔子曰"师也过"，可能与此有关。

19.16　紧接上章。原因在于他显得高不可攀，别人很难和他一起践行仁道。（怎么改正这一缺点呢？）

19.17　曾子曰："吾闻诸夫子：人未有自致者也，必也亲丧乎！"

【译文】

曾子说："我听老师说过，人一般不会把感情充分表现出来，如果有，一定是在父母去世的时候。"

19.17　17～19章意，要改正这一缺点，应从激发真挚的情感上下功夫。

本章意，人的真挚情感，在父母去世时才会充分表现出来。

19.18　曾子曰："吾闻诸夫子：孟庄子①之孝也，其他可能也，其不改父之臣与父之政，是难能也。"

【译文】

曾子说："我听老师说过，孟庄子对父亲的孝，其他方面别人能做到，但他不更换父亲的旧臣、不改变其政策措施，这是别人难以做到的。"

19.18　孟庄子更是难得，父母去世后，他不仅对父母的真挚情感没有改变，而且爱屋及乌，"不

【注释】

①孟庄子：鲁国大夫孟孙速。

改父之臣与父之政”。

19.19 孟氏使阳肤①为士师，问于曾子。曾子曰：“上失其道，民散久矣。如得其情，则哀矜②而勿喜。”

【译文】

孟氏任命阳肤做典狱官，阳肤向曾子请教。曾子说：“居上位的人偏离了正道，百姓早就离心离德了。你如果审出罪犯的实情，就应当怜悯他们，而不要自鸣得意。”

【注释】

①阳肤：旧注说他是曾子的学生。②矜：怜悯。

19.19 再进一步，应将这种真挚的情感推及他人。对犯罪之人尚且心存慈悲怜悯，对其他人岂不更应爱护有加吗？（德行至此，还会显得高不可攀，难以接近吗？）

五、君子勇于改过（子贡）

19.20 子贡曰：“纣之不善，不如是之甚也。是以君子恶居下流①，天下之恶皆归焉。”

【译文】

子贡说：“纣王的不善，并不像后世所说的那样恶劣。所以居上位的人决不能处于道德水平低的地方，一旦如此，天下的坏名声就都归到他的身上了。”

【注释】

①下流：地形低洼之处，各方水流都向其汇集。比喻道德水平低于普通的标准。

19.20 君子要严于律己。（子夏的交友态度、子游的教育方法、子张的待人方式，不善之处虽小，却不能不重视。“君子恶居下流，天下之恶皆归焉。”）

19.21 子贡曰：“君子之过也，如日月之食焉：过也，人皆见之；更也，人皆仰之。”

19.21 君子应有过就改。有过，

【译文】

子贡说："君子所犯的过错好比日月之蚀：他犯错误，大家都看得见；他改正了错误，人人都敬仰他。"

大家都看得到；改过，大家都会敬仰。

结语：仲尼之贤如日月也（子贡）

19.22　卫公孙朝①问于子贡曰："仲尼②焉学？"子贡曰："文武之道，未坠于地，在人。贤者识其大者，不贤者识其小者，莫不有文武之道焉。夫子焉不学，而亦何常师之有？"

【译文】

卫国的公孙朝向子贡问道："仲尼的学问是从谁那里学来的？"子贡说："周文王、周武王的治国之道，并没有消失，还流传在人们中间。贤能的人能够探究到它的根本，不贤能的人只能了解到它的末节，没有什么地方无文王武王之道。我的老师何处不学，又哪里有固定的老师呢？"

【注释】

①卫公孙朝：卫国的大夫公孙朝。②仲尼：孔子的字。

19.22　孔子无常师，下学而上达，深透地领悟文王武王之大道。

19.23　叔孙武叔①语大夫于朝曰："子贡贤于仲尼。"

子服景伯②以告子贡。

子贡曰："譬之宫墙，赐之墙也及肩，窥见室家之好。夫子之墙数仞③，不得其门而入，不见宗庙之美，百官④之富。得其门者或寡矣⑤。夫子之云，不亦宜乎！"

【译文】

叔孙武叔在朝廷中对官员们说："子贡比仲尼更贤能。"

子服景伯把这话告诉了子贡。

子贡说："拿围墙来做比喻，我家的围墙只有齐肩高，谁都可以看到室家之美。老师家的围墙却有几仞高，如果找不到门进去，你就看不见里面宗庙的雄伟高大和宫殿的富丽堂皇。

19.23　一般人不易感受到孔子思想的伟大。因为孔子思想非常深奥，不得其门而入，不见宗庙之美，百官之富。

能够找到门进去的人并不多。叔孙武叔那么讲，不也是很自然吗？”

【注释】

①叔孙武叔：鲁国大夫，名州仇，三桓之一。②子服景伯：鲁国大夫。③仞（rèn）：《说文》曰：“仞，伸臂一寻八尺也。”其长度约合一成年人身高（1.6 ～ 1.8 米）。④官：本义是房舍，以后才引申为官职。⑤得其门者或寡矣：汉朝王充《论衡·讲瑞篇》记，“子贡事孔子，一年，自谓过孔子；二年，自谓与孔子同；三年，自知不及孔子。”子贡事孔子一年二年之时，可谓未得其门。

19.24　叔孙武叔毁[①]仲尼。子贡曰：“无以为也！仲尼不可毁也。他人之贤者，丘陵也，犹可逾也。仲尼，日月也，无得而逾焉。人虽欲自绝，其何伤于日月乎？多[②]见其不知量也。”

【译文】

叔孙武叔诽谤仲尼。子贡说：“不应该这样做！仲尼是诋毁不了的。别人的贤德好比丘陵，还可超越。仲尼的贤德好比太阳和月亮，是没有办法超越的。即使有人要将自己隔绝于日月光明之外，对日月又有什么损害呢？只是更加表明他不自量力而已。”

【注释】

①毁：诽谤，说人坏话。②多：副词，只。

19.24　即使一些人不理解，甚至还诋毁孔子，也丝毫不影响孔子的伟大。孔子的贤德，如日月一般，无法逾越。

19.25　陈子禽谓子贡曰：“子为恭也，仲尼岂贤于子乎？”

子贡曰：“君子一言以为知，一言以为不知，言不可不慎也。夫子之不可及也，犹天之不可阶而升也。夫子之得邦家者，所谓立之斯立，道[①]之斯行，绥[②]之斯来，动之斯和。其生也荣，其死也哀，如之何其可及也？”

19.25　孔子的高不可及，就像天是不可能顺着梯子攀上去的一样。孔子活着，是天

【译文】

陈子禽对子贡说:“您太谦恭了，仲尼怎么能比您更贤良呢？”

子贡说：“君子的一句话就可以表现出他的智慧，一句话也可以表现出他的愚蠢，所以说话不可以不谨慎。夫子的高不可及，就像天是不可能顺着梯子攀上去的一样。夫子如果得国而为诸侯或得到采邑而为卿大夫，那么，他教百姓立于礼，百姓就会立于礼；引导百姓，百姓就会跟着走；安抚百姓，百姓就会归顺；动员百姓，百姓就会齐心协力。夫子活着，是天地的荣耀；夫子死了，是天地的悲哀。别人怎么能赶得上他呢？”

【注释】

①道：同“导”，引导。②绥（suí）：安抚。

地的荣耀；孔子死了，是天地的悲哀。

尧曰篇第二十

知命以行仁

一、君主应知天命以行仁道

20.1　尧曰①："咨②！尔舜！天之历数在尔躬，允③执其中。四海困穷，天禄永终。"

舜亦以命禹。④

【译文】

尧让位给舜时说："啧！舜！上天把帝王之位授予你了。忠诚地坚守中正的大道吧！假如天下百姓陷于困苦和贫穷，上天赐给你的荣耀也将永远消失。"

舜也以此告诫禹。

【注释】

①尧曰：下面引号内的话是尧将帝位禅让给舜时说的话。②咨（zī）：即"啧"，以示后面所说的话非常郑重。③允：信，实。④：本章较长，为便观览，按以前各篇体例将本章分为多段，逐段译注。

20.1　君主要认清上天赋予自己的责任：坚守中正大道，增进百姓福祉。如果天下百姓陷于穷困，上天所赐的荣耀也将消失。

曰："予小子履①，敢用玄牡②，敢昭告于皇皇后帝：有罪不敢赦。帝臣不蔽，简③在帝心。朕④躬有罪，无以万方；万方有罪，罪在朕躬。"

【译文】

（汤）说："小子履谨用黑色公牛祭祀，向伟大的天帝祷告：如果我有罪，我绝不敢请求赦免。作为天帝的臣仆，我绝没有

君主的担当：天下万方有罪，罪责由君主承担。

隐瞒遮掩，请天帝您来做出裁决。我本人若有罪，不要牵连天下万方；天下万方若有罪，罪责由我来承担。”

【注释】

①予小子履：予小子，上古帝王面对上天时谦卑的自称。履，商汤的名字。《墨子·兼爱下篇》和《吕氏春秋·顺民篇》都说这是成汤战胜夏桀后，遭逢大旱，向上天祈祷求雨之词。②玄牡：玄，黑色。牡，公牛。③简：选择。④朕：我。从秦始皇起，专用作帝王自称。

周有大赉①，善人是富。“虽有周亲，不如仁人。百姓有过，在予一人。”

【译文】

周朝大封诸侯，使仁德之人都富贵起来。（周武王）说：“我虽然有至亲，不如依靠仁德之人。百姓有过错，责任都在我一人身上。”

【注释】

①赉（lài）：赐予。下面几句是周武王的话。

君主的胸怀：虽有周亲，不如仁人。百姓有过，责任在君主身上。

谨权量①，审法度②，修废官，四方之政行焉。兴灭国，继绝世，举逸民，天下之民归心焉。

所重：民、食、丧、祭。

宽则得众，信则民任焉，敏则有功，公则说。

【译文】

严谨地制定度量衡，审慎地梳理礼乐制度，恢复已经废弃的官职，全国的政令就畅通了。复兴被灭亡了的国家，承续已经断绝了的家世，启用被遗落的人才，天下百姓就真心归服了。

所重视的四件事：人民、粮食、丧礼、祭祀。

宽厚，就能得到众人的拥护；诚信，百姓就会任由驱使；勤敏，就能取得成绩；公平，百姓就会发自内心地愉悦。

君主治国之要：一是理顺权量、法度和行政机构设置，使得政令畅通。兴灭国，继绝世，举逸民，使天下百姓真心归服。二是施政重心放在百姓、粮食、丧礼、祭祀

【注释】

①权量：权，秤锤，指测量轻重的标准。量，斗斛（hú），指测量容积的标准。②法度：指礼乐制度等。

上。三是施政态度上，对百姓要宽厚，对社会要诚信，推行政务要勤敏，出台政令、司法刑罚要公平。

二、臣下应知天命以施仁政

20.2 子张问于孔子曰："何如斯可以从政矣？"

子曰："尊五美，屏①四恶，斯可以从政矣。"

子张曰："何谓五美？"

子曰："君子惠而不费，劳而不怨，欲而不贪②，泰而不骄，威而不猛。"

子张曰："何谓惠而不费？"

子曰："因民之所利而利之，斯不亦惠而不费乎？择可劳而劳之，又谁怨？欲仁而得仁，又焉贪？君子无众寡，无小大，无敢慢，斯不亦泰而不骄乎？君子正其衣冠，尊其瞻视，俨然人望而畏之，斯不亦威而不猛乎？"

子张曰："何谓四恶？"

子曰："不教而杀谓之虐；不戒视成谓之暴；慢令致期谓之贼；犹之与人也，出纳③之吝谓之有司④。"

【译文】

子张向孔子问道："怎样才可以治理政事呢？"

先生说："尊崇五种美德，屏除四种恶行，就可以治理政事了。"

子张问："五种美德是什么？"

先生说："君子给百姓恩惠，自己却无所耗费；使百姓劳作，

20.2 臣下要尊四美、屏四恶，把君主的施政重心、施政态度体现到具体的政策及与百姓打交道的过程之中。

具体讲，就是要惠而不费，劳而不怨，欲而不贪，泰而不骄，威而不猛。同时，屏弃虐、暴、贼、有司等四恶。

百姓却不怨恨；有个人的追求，但不贪图名利；待人安泰矜持，却不傲慢；态度威严庄重，而不凶猛。”

子张说：“怎样才能做到给百姓恩惠而自己却无所耗费呢？”

先生说：“看百姓在哪方面能获利，就引导百姓去干，岂不就是惠而不费吗？选择可以参加劳作的百姓，在其闲暇时间，做合理的事情，又有谁会怨恨呢？如果以追求仁德为人生目标，那么他得到了仁，还有什么可贪的呢？君子待人，无论对方人数多少，势力大小，都不怠慢，这不就是庄重而不傲慢吗？君子衣冠整齐，目不斜视，其庄严之态使人一见而生敬畏之心，这不是威严而不凶猛吗？”

子张问：“什么是四种恶行呢？”

先生说：“事先不施教化，有错便加以杀戮叫作虐；事先不加告诫，突然要求成功叫作暴；起先懈怠，突然要求限期完成叫作贼；已经确定要给人财物，但在出手时却舍不得，叫作小家子气。”

【注释】

①屏（bǐng）：屏除。②欲而不贪：下文说，“欲仁而得仁，又焉贪”，可见此处的“欲”字指的是欲仁欲义的欲。皇侃注曰：“欲仁者为廉，欲财色者为贪。”③出纳：（自己）出手、（别人）纳入之际。④有司：古代管事者之称，职务低微。君子为政，应为其大者，出纳之事，顺手而为。如于出纳之际，又显吝啬之意，则将自身降于有司之职。有司，在文中译为小家子气。

三、君子应知天命以成仁德

20.3 孔子曰：“不知命，无以为君子也；不知礼，无以立也；不知言，无以知人也。”

20.3 君子要明白自己的使命，

【译文】

孔子说："不明白自己的使命，就无法做一名君子；不懂得礼仪之道，就不知如何立身处世；不善于辨析别人的话语，就不能真正了解别人。"

这是成为君子的前提；要知礼以规范自己的言行，这是仁德的外在表现；要能知人之言，这是识别和团结贤能完成使命的必要条件。

本章与第一篇结语"不患人之不己知，患不知人也"遥相呼应，再次强调，推行仁德大道，君子要提高自己，也要识清别人。

参 考 书 目

《论语集解》：何晏（三国魏），天禄琳琅丛书之元盱郡覆宋本影印。

《论语义疏》：皇侃（南朝梁），中华书局，2013年。

《四书章句集注》：朱熹（宋），中华书局，2011年。

《论语正义》：刘宝楠（清），中华书局，1990年。

《论语集释》：程树德，中华书局，2013年。

《论语新解》：钱穆，生活·读书·新知三联书店，2002年。

《论语译注》：杨伯峻，中华书局，2006年。

《论语今读》：李泽厚，安徽文艺出版社，1998年。

《论语诠解》：杨朝明，山东友谊出版社，2013年。